Einfache Polnisch Kurzgeschichten

Kurzgeschichten auf Polnisch für Anfänger

Jan Kowalczyk

Copyright © 2022 Jan Kowalczyk

Alle Rechte vorbehalten.

Obwohl der Autor und der Herausgeber alle Anstrengungen unternommen haben, um sicherzustellen, dass die in diesem Buch dargestellten Informationen zum gegenwärtigen Zeitpunkt korrekt sind, übernehmen der Autor und der Herausgeber keine Haftung für Verluste, Schäden oder Störungen, die durch Fehler oder Auslassungen verursacht werden, unabhängig davon, ob diese Fehler oder Auslassungen auf Fahrlässigkeit, Unfälle oder andere Ursachen zurückzuführen sind, und lehnen diese hiermit ab.

Dieses Buch wurde unter Verwendung von Ressourcen von www.freepik.com erstellt.

greenthumbpublishing@gmail.com

Inhalt

Einführung

Das Lesen in einer Fremdsprache ist eine der effektivsten Möglichkeiten, um die Sprachkenntnisse zu verbessern und den Wortschatz zu erweitern. Allerdings kann es manchmal schwierig sein, ansprechendes Lesematerial auf einem angemessenen Niveau zu finden, das Erfolgserlebnisse und ein Gefühl des Fortschritts vermittelt. Die meisten Bücher und Artikel, die für Muttersprachler geschrieben wurden, sind zu lang und schwer zu verstehen oder haben einen sehr hohen Wortschatz, so dass Sie sich überfordert fühlen und aufgeben. Wenn Ihnen diese Probleme bekannt vorkommen, dann ist dieses Buch genau das Richtige für Sie!

Einfache Polnisch Kurzgeschichten ist eine Sammlung von 25 unkonventionellen und unterhaltsamen Kurzgeschichten, die Anfängern und Mittelstufenschülern helfen sollen, ihre Sprachkenntnisse zu verbessern Polnisch.
Diese Kurzgeschichten schaffen eine förderliche Leseumgebung;

- Reichhaltiger sprachlicher Inhalt in verschiedenen Genres, um Sie zu unterhalten und Ihnen eine Vielzahl von Wortformen zu vermitteln.
- Kürzere Geschichten in Kapiteln, damit Sie die Freude haben, die Geschichten zu beenden und schnell voranzukommen.
- Texte, die auf Ihrem Niveau geschrieben sind, so dass sie leichter zu verstehen sind und Sie nicht überwältigen.
- Die deutsche Übersetzung befindet sich auf abwechselnden Seiten, so dass Sie beim Lesen

der Polnisch Geschichte direkt Zeile für Zeile nachschlagen können.

- Die wichtigsten Vokabeln sind in der Geschichte und in der Übersetzung fett gedruckt, damit Sie unbekannte Wörter besser verstehen.
- Verständnisfragen, um zu prüfen, ob Sie die wichtigsten Ereignisse verstanden haben, und um Sie anzuregen, genauer zu lesen.

Egal, ob Sie Ihren Wortschatz erweitern, Ihr Verständnis verbessern oder einfach nur zum Spaß lesen wollen, dieses Buch ist der größte Schritt nach vorn, den Sie in diesem Jahr in Ihrem Studium machen werden. Dieses Buch gibt dir alle Unterstützung, die du brauchst. Also lehnen Sie sich zurück, entspannen Sie sich und lassen Sie Ihrer Fantasie freien Lauf, während Sie in eine magische Welt voller Abenteuer, Geheimnisse und Intrigen entführt werden - auf Polnisch!

Wie man dieses Buch benutzt

Lesen ist ein schwer zu beherrschendes Talent. Wir nutzen eine Reihe von Mikrofähigkeiten, um in unserer Muttersprache zu lesen. Zum Beispiel können wir einen Text überfliegen, um ein grobes Verständnis für den Inhalt zu bekommen. Oder wir durchforsten zahlreiche Seiten eines Zugfahrplans auf der Suche nach einer bestimmten Zeit oder einem bestimmten Ort. Während diese Mikrofertigkeiten beim Lesen in unserer Muttersprache zur zweiten Natur geworden sind, zeigen Untersuchungen, dass wir die meisten davon beim Lesen in einer Fremdsprache vergessen. Wenn wir eine Fremdsprache lernen, beginnen wir normalerweise am Anfang eines Textes und arbeiten uns durch ihn hindurch, wobei wir versuchen, jedes einzelne Wort zu verstehen. Dabei stoßen wir unweigerlich auf unbekannte oder komplexe Begriffe und ärgern uns, dass wir sie nicht verstehen können.

Einer der größten Vorteile des Lesens in einer Fremdsprache besteht darin, dass man eine große Anzahl von Redewendungen und Ausdrücken kennenlernt, die in Alltagssituationen verwendet werden. Extensives Lesen ist ein Begriff, der das Lesen zum Vergnügen beschreibt, um eine Sprache zu lernen. Es ist nicht mit dem Lesen eines Lehrbuchs zu vergleichen, bei dem Gespräche oder Texte langsam und aufmerksam gelesen werden sollen, um jedes Wort zu verstehen. "Intensives Lesen" bezieht sich auf das Lesen, um bestimmte Lernziele zu erreichen oder Aufgaben zu erfüllen.

Einfache Polnisch Kurzgeschichten bietet Ihnen die
Möglichkeit, mehr über den natürlichen Polnisch
Sprachgebrauch zu erfahren, auch wenn Sie Ihre Reise
zum Sprachenlernen vielleicht nur mit Lehrbüchern
begonnen haben. Im Folgenden finden Sie einige
Hinweise, die Sie beim Lesen der Geschichten in
diesem Buch beachten sollten, um das Beste aus ihnen
herauszuholen: Wenn es um das Lesen geht, sind Spaß
und Erfolgserlebnisse entscheidend. Man kommt immer
wieder zurück, weil man Spaß an dem hat, was man
liest. Jede Geschichte von Anfang bis Ende zu lesen,
ist die beste Methode, um das Lesen von Geschichten
zu genießen und das Gefühl zu haben, etwas erreicht
zu haben. Das Wichtigste ist also, zum Ende einer
Geschichte zu gelangen. Das ist sogar noch wichtiger, als
jedes einzelne Wort zu kennen.

Je mehr Sie lesen, desto mehr Wissen werden Sie
erwerben. Wenn du größere Bücher zum Vergnügen liest,
wirst du schnell wissen, wie Polnisch funktioniert. Denken
Sie jedoch daran, dass Sie zuerst ein ausreichend großes
Buch lesen müssen, um den vollen Nutzen aus einer
umfangreichen Lektüre zu ziehen. Wenn Sie hier und da
ein paar Seiten lesen, lernen Sie vielleicht ein paar neue
Wörter, aber das wird keinen wesentlichen Unterschied in
Ihrem Gesamtniveau von Polnisch machen.

Akzeptieren Sie die Tatsache, dass Sie nicht alles
verstehen werden, was Sie in einem Roman lesen. Dies
ist zweifellos der wichtigste Punkt! Denken Sie immer
daran, dass es völlig in Ordnung ist, nicht alle Wörter
oder Sätze zu verstehen. Das bedeutet nicht, dass Ihre
Sprachkenntnisse unzureichend sind oder dass Sie eine
schlechte Leistung erbringen. Es zeigt, dass Sie aktiv am
Lernprozess beteiligt sind.

Leitfaden zum Lesen

Es ist am besten, wenn Sie für jedes Kapitel der Geschichten diesen einfachen sechsstufigen Leseprozess befolgen:

1. Lesen Sie den Titel des Kapitels. Überlegen Sie, worum es in der Geschichte gehen könnte. Lesen Sie dann die Geschichte ganz durch. Ihr Ziel ist es einfach, das Ende der Geschichte zu erreichen. Halten Sie also nicht an, um Wörter nachzuschlagen, und machen Sie sich keine Sorgen, wenn Sie etwas nicht verstehen. Versuchen Sie einfach, der Handlung zu folgen.

2. Wenn Sie das Ende der Geschichte erreicht haben, lesen Sie die deutsche Übersetzung durch, um zu sehen, ob Sie verstanden haben, was passiert ist, und nehmen Sie jeden Kontext auf, den Sie vielleicht verpasst haben.

3. Gehen Sie zurück und lesen Sie die gleiche Geschichte noch einmal. Wenn Sie möchten, können Sie sich mehr auf die Details der Geschichte konzentrieren als zuvor, aber ansonsten lesen Sie sie einfach noch einmal durch.

4. Gehen Sie anschließend die Verständnisfragen in Polnisch durch, um zu überprüfen, ob Sie die Schlüsselereignisse der Geschichte verstanden haben. Wenn Sie die Fragen nicht ganz verstehen, machen Sie sich keine Sorgen. Nutzen Sie Ihr Wissen, um so gut wie möglich zu antworten.

5. Zu diesem Zeitpunkt sollten Sie die wichtigsten Ereignisse des Kapitels einigermaßen verstanden haben. Falls nicht, sollten Sie das Kapitel einige Male anhand der Übersetzung lesen, um unbekannte Wörter und Sätze zu

überprüfen, bis Sie sich sicher fühlen.

Sobald Sie bereit sind und sicher sind, dass Sie verstanden haben, was passiert ist - egal, ob Sie die Geschichte einmal oder mehrmals gelesen haben - gehen Sie zur nächsten Geschichte über und lesen Sie die Geschichte in Ihrem eigenen Tempo weiter, so wie Sie es mit jedem anderen Buch tun würden.

Erst wenn Sie eine Geschichte vollständig gelesen haben, sollten Sie zurückgehen und die Sprache der Geschichte vertiefen, wenn Sie das möchten. Anstatt sich Sorgen zu machen, ob Sie alles verstanden haben, sollten Sie sich die Zeit nehmen, sich auf das zu konzentrieren, was Sie verstanden haben, und sich selbst zu dem beglückwünschen, was Sie geschafft haben.

Einfache Polnische Kurzgeschichten

Zamek w Malborku

Zastanawia się, czy w zamku w Malborku cokolwiek się jeszcze **zmieni.**Jest rok 1410, a Zakon Krzyżacki właśnie przejął kontrolę nad zamkiem w Malborku. Okazała budowla stoi imponująco nad brzegiem rzeki Nogat w północnej Polsce, będąc symbolem potęgi i mocy germańskich rycerzy. Jednak nie wszystko w murach **zamku jest w porządku.** Panuje atmosfera napięcia i niepokoju, ponieważ jest wielu, którzy nie ufają nowym władcom. Jedną z takich osób jest Agnieszka, młoda kobieta, która urodziła się i wychowała w Malborku. **Pamięta czasy,** gdy Malbork nazywał się jeszcze Marienburg, **zanim dostał się w ręce** Krzyżaków podczas jednej z ich krucjat przeciwko pogańskiej Litwie. Teraz czuje się jak obca we własnym domu; wszystko się zmieniło od tamtych mrocznych dni. Agnieszka stara się unikać kontaktu z rycerzami, ale pewnego dnia **przypadkowo wpada na** jednego z nich w zatłoczonym korytarzu. Ten chwyta ją za ramię i krzyczy na nią po niemiecku, **żądając wyjaśnień,** dlaczego nie pracuje ciężej, by służyć im należycie. **Wstrząśnięta** tym spotkaniem Agnieszka postanawia, że dość tego; nie może dłużej milczeć na temat tego, co dzieje się na zamku w Malborku pod panowaniem krzyżackim.

Burg Malbork

Wir schreiben das Jahr 1410, und der Deutsche Orden hat gerade die Kontrolle über die Burg Malbork übernommen. Das grandiose Bauwerk steht imposant am Ufer des Flusses Nogat in Nordpolen und ist ein Symbol für die Macht und Stärke der germanischen Ritter. Doch innerhalb der Burgmauern ist nicht alles in Ordnung. Es herrscht eine angespannte und unruhige Atmosphäre, denn es gibt viele, die den neuen Herrschern nicht trauen. Eine von ihnen ist Agnieszka, eine junge Frau, die in Malbork geboren und aufgewachsen ist. Sie **erinnert sich an die** Zeit, als die Stadt noch Marienburg hieß, **bevor** sie bei einem ihrer Kreuzzüge gegen das heidnische Litauen an den Deutschen Orden fiel. Jetzt fühlt sie sich wie eine Fremde in ihrer eigenen Heimat; alles hat sich seit jenen dunklen Tagen verändert. Agnieszka tut ihr Bestes, um den Kontakt mit den Rittern so weit wie möglich zu vermeiden, aber eines Tages stößt sie in einem belebten Korridor **zufällig** mit einem von ihnen zusammen. Er packt sie grob am Arm und schreit sie auf Deutsch an, warum sie sich nicht mehr anstrenge, um ihnen zu dienen. Von dieser Begegnung **erschüttert**, beschließt Agnieszka, dass es genug ist; sie kann nicht länger darüber schweigen, was hier auf Schloss Malbork unter der Herrschaft der Teutonen geschieht.

Agnieszka zaczyna rozpowiadać wśród pracowników zamku o złym traktowaniu, jakiego doświadczają z rąk Krzyżaków. Wie, że jest to ryzykowne, ale nie może bezczynnie przyglądać się, jak jej rodacy są traktowani w ten sposób. **Powoli, ale nieuchronnie** coraz więcej osób zaczyna jej słuchać i wkrótce na zamku w Malborku powstaje mały ruch oporu. Rycerze nie są ślepi na to, co się dzieje; widzą, że Agnieszka **staje się** problemem. Zaczynają ją bacznie obserwować, pilnując, by nie sprawiała więcej kłopotów. Jednak mimo ciągłego nadzoru, Agnieszce wciąż udaje się przemycać **wiadomości z** zamku, wzywając pomocy z zewnątrz. Pewnej nocy, gdy kończy pisać kolejną wiadomość, słyszy kroki na **korytarzu** przed swoim pokojem. Ktoś dowiedział się o działalności Agnieszki i teraz po nią idzie. W **pośpiechu** chowa wiadomość, po czym otwiera drzwi i widzi czekających na nią dwóch Krzyżaków. Tym razem nie ma **ucieczki** - wie, że zostanie zabrana i prawdopodobnie **stracona** za zdradę zakonu.

Agnieszka beginnt, dem Burgpersonal von den Misshandlungen zu erzählen, denen sie alle durch die Deutschritter ausgesetzt sind. Sie weiß, dass es riskant ist, aber sie kann nicht einfach tatenlos zusehen, wie ihre polnischen Mitbürger so behandelt werden. **Langsam** aber sicher beginnen immer mehr Menschen, ihr zuzuhören, und schon bald formiert sich auf der Burg Malbork eine kleine Widerstandsbewegung. Die Ritter sind nicht blind für das, was vor sich geht; sie erkennen, dass Agnieszka **zu einem** Problem wird. Sie beginnen, sie genau zu beobachten, um sicherzustellen, dass sie keinen weiteren Ärger verursacht. Aber obwohl sie ständig überwacht wird, gelingt es Agnieszka immer noch, **Nachrichten** aus dem Schloss zu schmuggeln und Hilfe von außen zu erbitten. Eines Nachts, als sie gerade eine weitere Nachricht fertigstellt, hört sie Schritte auf dem **Flur** vor ihrem Zimmer. Jemand hat von Agnieszkas Aktivitäten erfahren und ist nun hinter ihr her. **Eilig** versteckt sie die Nachricht, bevor sie die Tür öffnet und zwei teutonische Ritter vorfindet, die dort auf sie warten. Diesmal gibt es kein **Entkommen**; sie weiß, dass sie abgeführt und wahrscheinlich wegen Verrats an ihrem Orden **hingerichtet wird**.

Pytania dotyczące rozumienia tekstu

1. Jak nazywa się zamek, o którym mowa w opowiadaniu?

2. Kiedy Zakon Krzyżacki przejął kontrolę nad zamkiem?

3. Z jakiego kraju pochodzi Agnieszka?

4. Jaką nazwę nosił pierwotnie zamek?

5. Co Agnieszka sądzi o Krzyżakach?

6. Co robi Agnieszka w odpowiedzi na złe traktowanie przez pracowników zamku?

7. Co czuje Wielki Mistrz Zakonu Krzyżackiego w związku z postępowaniem Agnieszki?

Fragen zum Verständnis

1. Wie heißt das Schloss in der Geschichte?

2. Wann übernahm der Deutsche Orden die Kontrolle über die Burg?

3. Welches ist das Heimatland von Agnieszka?

4. Wie lautete der ursprüngliche Name des Schlosses?

5. Was hält Agnieszka von den Deutschordensrittern?

6. Was tut Agnieszka als Reaktion auf die Misshandlung des Schlosspersonals?

7. Was denkt der Großmeister des Deutschen Ordens über Agnieszkas Handeln?

Puszcza Białowieska

Puszcza Białowieska to miejsce mroczne i tajemnicze. Mówi się, że las jest domem dla dziwnych stworzeń, których nikt nigdy nie widział. Niektórzy twierdzą, że są one **przyjazne, a** inni, że niebezpieczne. Nikt nie wie na pewno, co czai się w głębi lasu. Pewnego dnia grupa przyjaciół postanowiła wybrać się do Puszczy Białowieskiej. Słyszeli wszystkie opowieści o dziwnych stworzeniach, które tam mieszkały, i chcieli się przekonać, czy są one prawdziwe. Gdy szli coraz głębiej w las, zaczęli mieć wrażenie, że ktoś ich obserwuje. Słyszeli trzaskanie gałązek i szelest **liści,** ale przez gęste drzewa nie mogli nic zobaczyć. Nagle jedna z ich koleżanek krzyknęła z przerażenia, bo coś chwyciło ją od tyłu! Grupa przyjaciół biegła tak **szybko, jak tylko** mogła, ale stwór był szybszy. Gonił ich przez las, aż w końcu dotarli do polany. Odwrócili się w stronę swojego prześladowcy i zobaczyli duże, futrzane stworzenie stojące przed nimi. Miało ostre zęby i pazury i wyglądało na bardzo rozgniewane. Przyjaciele byli przerażeni!

Stwór wystąpił naprzód i obwąchał każdego z nich. Potem zrobiło coś **zaskakującego**: uśmiechnęło się do nich! To nie było groźne stworzenie, a jedynie ciekawskie, które chciało dowiedzieć się czegoś więcej

Białowieża-Wald

Der **Białowieża-Wald** ist ein dunkler und geheimnisvoller Ort. Es heißt, dass der Wald seltsame Kreaturen beherbergt, die noch nie jemand gesehen hat. Einige sagen, dass diese **Kreaturen freundlich** sind, während andere sagen, dass sie gefährlich sind. Niemand weiß mit Sicherheit, was in den Tiefen des Waldes lauert. Eines Tages beschloss eine Gruppe von Freunden, den Białowieża-Wald zu erkunden. Sie hatten all die Geschichten über die seltsamen Kreaturen gehört, die dort lebten, und sie waren entschlossen, herauszufinden, ob sie wahr waren. Als sie tiefer in den Wald hineingingen, hatten sie das Gefühl, dass sie jemand beobachtete. Sie hörten das Knacken von Zweigen und das Rascheln von **Blättern**, aber sie konnten durch die dichten Bäume nichts sehen. Plötzlich schrie eine ihrer Freundinnen erschrocken auf, als etwas sie von hinten packte! Die Gruppe von Freunden rannte so **schnell** sie konnte, aber das Wesen war schneller. Es verfolgte sie durch den Wald, bis sie schließlich zu einer Lichtung kamen. Sie drehten sich zu ihrem Verfolger um und sahen eine große, pelzige Kreatur vor sich stehen. Es hatte scharfe Zähne und Krallen und sah sehr wütend aus. Die Freunde waren entsetzt!

o tych dziwnych ludziach, którzy weszli do jego domu. Od tej pory stworzenia z Puszczy Białowieskiej stały się stałymi gośćmi na polanie, gdzie przyjaciele spotykali się każdego dnia. I tak zaczęła się **wspaniała** przyjaźń między ludźmi a zwierzętami, która trwała przez wiele lat. Pewnego dnia leśne stworzenia poprosiły przyjaciół o pomoc w rozwiązaniu pewnego **problemu**. W lesie pojawiła się grupa myśliwych, którzy zabijali zwierzęta dla ich futra. Stworzenia były przerażone i nie wiedziały, co robić. Przyjaciele wymyślili plan, jak powstrzymać **myśliwych**. Zbudowali pułapki i rozstawili je w całym lesie. Gdy łowcy przyszli następnym razem, wpadli w pułapki i zostali schwytani! Stworzenia były bardzo **wdzięczne** swoim przyjaciołom za pomoc i do Białowieży znów powrócił pokój.

Die Kreatur trat vor und beschnupperte jeden einzelnen von ihnen. Dann tat es etwas **Überraschendes**: Es lächelte sie an! Es war also kein gefährliches Wesen, sondern nur neugierig und wollte mehr über diese seltsamen Menschen wissen, die sein Haus betreten hatten. Von da an wurden die Geschöpfe des Białowieża-Waldes zu regelmäßigen Besuchern der Lichtung, auf der sich die Freunde jeden Tag trafen. Und so begann eine **wunderbare** Freundschaft zwischen Mensch und Tier, die noch viele Jahre andauern sollte.

Eines Tages baten die Tiere des Waldes die Freunde, ihnen bei einem **Problem zu** helfen. Eine Gruppe von Jägern war in den Wald gekommen und hatte Tiere wegen ihres Fells getötet. Die Geschöpfe hatten Angst und wussten nicht, was sie tun sollten.

Die Freunde schmiedeten einen Plan, um die **Jäger** aufzuhalten. Sie bauten Fallen und stellten sie rund um den Wald auf. Als die Jäger das nächste Mal kamen, fielen sie in die Fallen und wurden gefangen! Die Tiere waren ihren Freunden sehr **dankbar**, dass sie ihnen geholfen hatten, und es kehrte wieder Frieden in Białowieża ein.

Pytania dotyczące rozumienia tekstu

1. Co to jest Puszcza Białowieska?

2. Jakie stworzenia podobno żyją w lesie?

3. Dlaczego przyjaciele postanowili zwiedzić las?

4. Co zrobił stwór, gdy po raz pierwszy zobaczył przyjaciół?

5. Z jakim problemem zwróciły się do przyjaciół leśne stwory o pomoc?

6. W jaki sposób przyjaciele pomogli stworzeniom?

7. Co znaleźli przyjaciele, gdy odkrywali nową część lasu?

Fragen zum Verständnis

1. Was ist der Białowieża-Wald?

2. Welche Lebewesen sollen im Wald leben?

3. Warum haben die Freunde beschlossen, den Wald zu erkunden?

4. Was hat die Kreatur getan, als sie die Freunde zum ersten Mal sah?

5. Was war das Problem, bei dem die Tiere des Waldes die Freunde um Hilfe baten?

6. Wie haben die Freunde den Kreaturen geholfen?

7. Was haben die Freunde gefunden, als sie einen neuen Teil des Waldes erkundeten?

Maria Curie

Maria Curie urodziła się 7 listopada 1867 r. w Warszawie. Jej ojciec był **profesorem** fizyki na miejscowym uniwersytecie, a matka prowadziła pensjonat. Już w dzieciństwie Maria Curie wykazywała **duże zdolności w zakresie nauk ścisłych** i doskonale radziła sobie z nauką. Gdy miała zaledwie osiemnaście **lat,** zdobyła **stypendium na studia na** Sorbonie w Paryżu. Na Sorbonie Marie poznała Pierre'a Curie, który później został jej mężem. Pierre również studiował fizykę na tej uczelni i szybko nawiązali silną więź dzięki wspólnemu zamiłowaniu do **nauki**. Pobrali się w 1895 r. i mieli dwie **córki**: Irene i Evelyn. W 1898 r. Marie i Pierre odkryli rad - pierwiastek, który na zawsze odmienił ich życie. Poświęcili się dalszym badaniom nad promieniotwórczością i jej potencjalnymi zastosowaniami w **medycynie** (dziedzina, którą później nazwano "radioterapią"). W 1903 r. otrzymali Nagrodę Nobla w dziedzinie fizyki za odkrycie promieniotwórczości - tym samym Maria Curie stała się pierwszą kobietą w historii, która otrzymała Nagrodę Nobla.

Niestety, zaledwie cztery lata później doszło do tragedii, gdy Pierre zmarł potrącony przez powóz konny podczas przechodzenia przez **ulicę** w Paryżu. Zrozpaczona jego

Marie Curie

Marie Curie wurde am 7. November 1867 in Warschau, Polen, geboren. Ihr Vater war **Physikprofessor** an der örtlichen Universität, und ihre Mutter führte eine Pension. Schon als Kind war Marie Curie **sehr begabt und** zeichnete sich in ihren Studien aus. Als sie gerade achtzehn **Jahre** alt war, erhielt sie ein **Stipendium** für ein Studium an der Sorbonne in Paris. An der Sorbonne lernte Marie Pierre Curie kennen, der später ihr Ehemann werden sollte. Pierre studierte ebenfalls Physik an der Universität, und die beiden entwickelten durch ihre gemeinsame Liebe zur **Wissenschaft** schnell eine starke Bindung. Sie heirateten 1895 und bekamen zwei gemeinsame **Töchter**: Irene und Evelyn. 1898 entdeckten Marie und Pierre Radium - ein Element, das ihr Leben für immer verändern sollte. Sie widmeten sich der weiteren Erforschung der Radioaktivität und ihrer möglichen Anwendungen in der **Medizin** (ein Bereich, der später als "Strahlentherapie" bekannt wurde). Im Jahr 1903 erhielten sie den Nobelpreis für Physik für ihre Entdeckung der Radioaktivität - Marie Curie war damit die erste Frau, die jemals einen Nobelpreis erhielt.

Leider kam es nur vier Jahre später zu einer Tragödie, als Pierre beim Überqueren einer **Straße**

śmiercią, ale zdecydowana kontynuować ich wspólną pracę, Marie objęła jego stanowisko profesora fizyki na Sorbonie. Stała się jeszcze bardziej znana dzięki swoim przełomowym pracom nad promieniotwórczością, do tego stopnia, że w 1911 r. otrzymała kolejną Nagrodę Nobla - tym razem sama - stając się nie tylko pierwszą kobietą, która otrzymała dwa Noble, ale także jedyną osobą, która otrzymała je w dwóch różnych dziedzinach nauki. Po wybuchu I wojny światowej Marie odłożyła na bok własne projekty badawcze, aby pomóc w działaniach wojennych, opracowując aparaty rentgenowskie, które można było wykorzystywać do lokalizowania **odłamków** i innych ciał obcych w ciałach żołnierzy. Przeszkoliła także 150 kobiet, które miały obsługiwać te **urządzenia** w **szpitalach** wojskowych w pobliżu linii frontu. Za swoje wysiłki w czasie wojny została odznaczona francuską Legią Honorową - jednym z najwyższych odznaczeń cywilnych przyznawanych przez **rząd** francuski.

in Paris von einer Pferdekutsche erfasst wurde
und starb. Marie war am Boden zerstört, aber
entschlossen, ihre gemeinsame Arbeit fortzusetzen,
und übernahm seine Stelle als Professorin für Physik
an der Sorbonne. Ihre bahnbrechenden Arbeiten zur
Radioaktivität machten sie so bekannt, dass sie 1911
einen weiteren Nobelpreis erhielt - diesmal allein
- und damit nicht nur die erste Frau war, die zwei
Nobelpreise erhielt, sondern auch die einzige Person,
die beide Preise in verschiedenen Wissenschaften
erhielt. Nach Ausbruch des Ersten Weltkriegs
stellte Marie ihre eigenen Forschungsprojekte
zurück, um bei den Kriegsanstrengungen zu helfen,
indem sie Röntgengeräte entwickelte, mit denen
man **Schrapnells** und andere Fremdkörper im
Körper von Soldaten aufspüren konnte. Außerdem
bildete sie 150 Frauen aus, die diese **Geräte** in
Militärkrankenhäusern in der Nähe der Frontlinien
warten und bedienen sollten. Für ihren Einsatz
während des Krieges wurde sie in die französische
Ehrenlegion aufgenommen - eine der höchsten zivilen
Auszeichnungen, die von der französischen **Regierung**
vergeben werden.

Pytania dotyczące rozumienia tekstu

1. Jaki zawód wykonywał ojciec Marii Curie?

2. Co łączyło Marię Curie i Pierre'a Curie?

3. Co odkryli Maria i Pierre Curie?

4. Ile nagród Nobla otrzymała Maria Curie?

5. Czym zajmowała się Maria Curie podczas I wojny światowej?

6. Jakie jest dziedzictwo Marii Curie?

7. Za co Irena Curie otrzymała Nagrodę Nobla?

8. Kto napisał biografię o życiu Marii Curie?

9. Jak Maria Curie była postrzegana przez wielu?

10. Co jest inspiracją dla Marii Curie?

Fragen zum Verständnis

1. Welchen Beruf übte der Vater von Marie Curie aus?

2. Was hatten Marie Curie und Pierre Curie gemeinsam?

3. Was haben Marie und Pierre Curie entdeckt?

4. Wie viele Nobelpreise hat Marie Curie erhalten?

5. Was hat Marie Curie während des Ersten Weltkriegs getan?

6. Was ist das Vermächtnis von Marie Curie?

7. Wofür hat Irene Curie einen Nobelpreis erhalten?

8. Wer hat eine Biographie über das Leben von Marie Curie geschrieben?

9. Wie wurde Marie Curie von vielen angesehen?

10. Was ist eine Inspiration, die Marie Curie bietet?

Kopalnia soli w Wieliczce

Kopalnia Soli w Wieliczce to miejsce, jakiego jeszcze nie było. Przez **wieki** była źródłem soli dla mieszkańców Polski. Dziś jest także popularnym celem wycieczek turystycznych. Odwiedzają ją turyści z całego świata, aby zobaczyć wyjątkowe podziemne komory i rzeźby. Jest jednak jedna komora w **kopalni,** która nie przypomina żadnej innej. Mówi się, że jest ona nawiedzana przez ducha górnika, który zginął wiele lat temu w wypadku górniczym. Nazywał się Janek Kowalski i miał zaledwie 22 lata, kiedy zginął. Mówi się, że **duch** Janka nawiedza komorę, w której zginął, a jego ducha można czasem zobaczyć błąkającego się w ciemnościach. Niektórzy twierdzą, że duch Janka jest **zły** i mściwy, inni zaś uważają, że po prostu chce odnaleźć **spokój** po śmierci. Tak czy inaczej, jego obecność w kopalni sprawiła, że stała się ona miejscem pełnym tajemnic i intryg zarówno dla mieszkańców, jak i turystów.

Pewnego **upalnego** letniego dnia grupa turystów **zwiedzała** Kopalnię Soli w Wieliczce. Słyszeli opowieści o duchu Janka, ale nie byli pewni, czy im wierzyć. Kiedy szli przez **ciemne** komory, poczuli **chłód** w powietrzu.

Das Salzbergwerk Wieliczka

Das Salzbergwerk von Wieliczka ist ein Ort wie kein anderer. Seit **Jahrhunderten ist** es eine Salzquelle für die Menschen in Polen. Heute ist es auch ein beliebtes Touristenziel, zu dem Besucher aus aller Welt kommen, um die einzigartigen unterirdischen Kammern und Skulpturen zu besichtigen. Aber es gibt eine Kammer im **Bergwerk**, die anders ist als alle anderen. In dieser **Kammer soll der** Geist eines Bergmanns spuken, der vor vielen Jahren bei einem Grubenunglück ums Leben kam. Sein Name war Janek Kowalski, und er war gerade 22 Jahre alt, als er starb. Es heißt, Janeks **Geist spuke in** der Kammer, in der er starb, und sein Geist könne manchmal in der Dunkelheit umherwandern. Manche sagen, Janeks Geist sei **wütend** und rachsüchtig, während andere glauben, er wolle nach dem Tod einfach nur **Frieden** finden. Wie auch immer, seine Anwesenheit in der Mine hat sie zu einem Ort voller Geheimnisse und Intrigen für Einheimische und Touristen gleichermaßen gemacht.

An einem **heißen** Sommertag **erkundete** eine Gruppe von Touristen das Salzbergwerk Wieliczka. Sie hatten Geschichten über Janeks Geist gehört, waren sich aber nicht sicher, ob sie ihnen glauben sollten. Als sie durch

Nagle jeden z turystów zobaczył w oddali jakąś postać. Był to mężczyzna w staromodnym ubraniu, który zdawał się unosić nad ziemią. Turysta krzyknął, a wszyscy pozostali turyści pobiegli w jego kierunku. Gdy dotarli na miejsce, po widmowej postaci nie było już śladu. Jedyną **różnicą było** to, że jedna ze świec w komnacie była zgaszona. Opowieść o duchu Janka stała się **legendą** w Kopalni Soli "Wieliczka". Turyści z całego świata przyjeżdżają, aby zobaczyć, czy uda im się zobaczyć jego **ducha**. Niektórzy twierdzą, że jest on niegroźny, inni zaś uważają, że wciąż jest zły z powodu swojej śmierci i chce się zemścić na tych, którzy wchodzą do jego komory.

Nikt nie wie na pewno, co stało się z duchem Janka, ale jedno jest pewne: Kopalnia Soli w Wieliczce nigdy nie zostanie zapomniana. Janek Kowalski był **młodym** człowiekiem, który miał przed sobą całe życie. Pracował w kopalni soli w Wieliczce i bardzo to lubił. To była **niebezpieczna** praca, ale Janek nigdy nie bał się podejmować ryzyka. Pewnego dnia, gdy Janek pracował w jednej z komór, nastąpiło zawał. Janek został **pogrzebany** żywcem pod tonami soli i **skał**. Jego ciała nie odnaleziono przez wiele dni, a kiedy je odnaleziono, było już za późno.

die **dunklen** Kammern liefen, spürten sie ein **Frösteln**
in der Luft. Plötzlich sah einer der Touristen in der Ferne
eine Gestalt. Es war ein Mann in altmodischer Kleidung,
und er schien über dem Boden zu schweben. Der
Tourist schrie auf, und alle anderen Touristen rannten
zu ihm hin. Doch als sie dort ankamen, war von der
Geistergestalt nichts mehr zu sehen. Das Einzige, was
anders war, war, dass eine der Kerzen in der Kammer
erloschen war. Die Geschichte von Janeks Geist ist
in der Salzmine von Wieliczka zu einer **Legende
geworden**. Besucher kommen aus der ganzen Welt,
um zu sehen, ob sie einen Blick auf seinen **Geist
erhaschen** können. Einige sagen, er sei harmlos,
während andere glauben, er sei immer noch wütend
über seinen Tod und wolle sich an denen rächen, die
seine Kammer betreten.

Niemand weiß mit Sicherheit, was mit Janeks Geist
passiert ist, aber eines ist sicher: Das Salzbergwerk
Wieliczka wird nie vergessen werden. Janek Kowalski
war ein **junger** Mann, der sein ganzes Leben noch vor
sich hatte. Er arbeitete im Salzbergwerk von Wieliczka,
und er liebte es. Es war eine **gefährliche** Arbeit, aber
Janek hatte nie Angst, Risiken einzugehen. Eines
Tages, als Janek in einer der Kammern arbeitete,
kam es zu einem Einsturz. Janek wurde lebendig
unter Tonnen von Salz und **Gestein begraben**. Seine
Leiche wurde tagelang nicht gefunden, und als man ihn
schließlich fand, war es zu spät.

Pytania dotyczące rozumienia tekstu

1. Co to jest kopalnia soli w Wieliczce?

2. Jak nazywa się komora w kopalni, o której mówi się, że jest nawiedzona przez ducha Janka Kowalskiego?

3. Ile lat miał Janek Kowalski, gdy zmarł?

4. Co mówi się o duchu Janka?

5. Co się stało z duchem Janka?

6. Gdzie znajduje się kopalnia soli w Wieliczce?

7. Od jak dawna działa Kopalnia Soli "Wieliczka"?

8. Jak nazywa się komora w kopalni, o której mówi się, że jest nawiedzana przez ducha Janka Kowalskiego?

9. Jaka jest legenda o duchu Janka?

10. Co robią zwiedzający, gdy przyjeżdżają do Kopalni Soli w Wieliczce?

Fragen zum Verständnis

1. Was ist das Salzbergwerk Wieliczka?

2. Wie heißt die Kammer in der Mine, in der angeblich der Geist von Janek Kowalski spukt?

3. Wie alt war Janek Kowalski, als er starb?

4. Was wird über den Geist von Janek gesagt?

5. Was ist mit Janeks Geist passiert?

6. Wo befindet sich das Salzbergwerk Wieliczka?

7. Wie lange ist das Salzbergwerk Wieliczka schon in Betrieb?

8. Wie heißt die Kammer in der Mine, in der angeblich der Geist von Janek Kowalski spukt?

9. Was ist die Legende von Janeks Geist?

10. Was machen die Besucher, wenn sie in das Salzbergwerk Wieliczka kommen?

Obwarzanek Krakowski

W Krakowie był wczesny ranek, a **miasto** dopiero zaczynało się budzić. **Słońce** jeszcze nie wzeszło, ale niebo rozświetlało się jego blaskiem. Krakowscy sprzedawcy Obwarzanka już rozstawiali swoje wózki, przygotowując się do kolejnego dnia sprzedaży swoich **pysznych** precli. Jeden ze sprzedawców, młody mężczyzna o imieniu Jakub, był dziś szczególnie **podekscytowany**. Oszczędzał od miesięcy i w końcu miał wystarczająco dużo pieniędzy, aby kupić własny wózek. Był to jego pierwszy dzień pracy jako sprzedawca i nie mógł się doczekać, kiedy zacznie. Jakub dotarł na swoje stałe miejsce w pobliżu **rynku** i zaczął rozstawiać **wózek**. W miarę pracy czuł narastające w nim podniecenie. Wkrótce ustawiła się kolejka ludzi, którzy chcieli kupić jego obwarzanki. Gdy słońce zaczęło wschodzić, podekscytowanie Jakuba zmieniło się w zdenerwowanie. Co będzie, jeśli nikt nie kupi jego obwarzanków? A jeśli nie zarobi tyle **pieniędzy,** żeby zapłacić za wózek? Próbował wyrzucić te myśli z głowy i skupić się na zadaniu, które miał wykonać.

Wreszcie nadszedł czas, aby otworzyć interes. Jakub wziął głęboki **oddech** i zawołał do pierwszego

Obwarzanek Krakowski

Es war früher Morgen in Krakau, und die **Stadt** begann sich gerade zu bewegen. Die **Sonne** war noch nicht aufgegangen, aber der Himmel erstrahlte in ihrem Licht. Die Verkäufer von Obwarzanek Krakowski stellten bereits ihre Wagen auf und bereiteten sich auf einen weiteren Tag des Verkaufs ihrer **köstlichen** Brezeln vor. Ein Verkäufer, ein junger Mann namens Jakub, war heute besonders **aufgeregt**. Er hatte monatelang gespart und endlich genug Geld, um sich einen eigenen Wagen zu kaufen. Dies würde sein erster Tag als Verkäufer sein, und er konnte es kaum erwarten, loszulegen. Jakub kam an seinem üblichen Platz in der Nähe des Marktplatzes an und begann, seinen **Wagen aufzustellen**. Er spürte, wie die Aufregung in ihm aufstieg, während er arbeitete. Bald würden die Leute Schlange stehen, um sein Obwarzanek zu kaufen. Als die Sonne aufging, verwandelte sich Jakubs Aufregung in Nervosität. Was, wenn niemand seine Brezeln kaufte? Was, wenn er nicht genug **Geld verdiente**, um seinen Wagen zu bezahlen? Er versuchte, diese Gedanken zu verdrängen und sich auf die bevorstehende Aufgabe zu konzentrieren.

Endlich war es an der Zeit, das Geschäft zu eröffnen.

klienta: "Obwarzanek Krakowski!". Ku jego uldze, klient podszedł i kupił precla. Jakub odetchnął z ulgą, wręczając resztę. W końcu zapowiadał się **dobry** dzień. Z upływem dnia **pewność siebie** Jakuba rosła. Sprzedawał coraz więcej precli, a nawet udało mu się pozyskać kilku stałych klientów. Interes kwitł, a on zarabiał więcej pieniędzy, niż kiedykolwiek mógł sobie wyobrazić. Pod koniec dnia Jakub zarobił wystarczająco dużo pieniędzy, aby kupić sobie nową parę butów i jeszcze trochę zostało. Był **zmęczony,** ale szczęśliwy, gdy pakował swój wózek i wracał na **noc do** domu. Dla Jakuba to był dopiero początek. Od tej pory będzie znany jako krakowski sprzedawca Obwarzanków z najlepszymi preclami w mieście! Ponieważ biznes Jakuba stale się rozwijał, postanowił zatrudnić kilku pomocników. Z ich pomocą udało mu się rozszerzyć działalność i sprzedawać jeszcze więcej precli. Miał teraz stałe miejsce na rynku, a ludzie przyjeżdżali z całego miasta, żeby kupić jego obwarzanki.

Jakub holte tief **Luft** und rief dem ersten Kunden zu:
"Obwarzanek Krakowski!" Zu seiner Erleichterung
kam der Kunde herüber und kaufte eine Brezel.
Jakub atmete erleichtert auf, als er das Wechselgeld
überreichte. Dies sollte doch noch ein **guter** Tag
werden. Im Laufe des Tages wuchs Jakubs **Zuversicht**.
Er verkaufte immer mehr Brezeln, und es gelang
ihm sogar, einige Stammkunden zu gewinnen. Das
Geschäft florierte, und er verdiente mehr Geld, als er
sich je hätte vorstellen können. Am Ende des Tages
hatte Jakub genug Geld verdient, um sich ein neues
Paar Schuhe zu kaufen, und es blieb noch etwas übrig.
Er war **müde**, aber glücklich, als er seinen Wagen
zusammenpackte und sich auf den **Heimweg** machte.
Das war erst der Anfang für Jakub. Von nun an wird er
als der Obwarzanek Krakowski mit den besten Brezeln
der Stadt bekannt sein! Als Jakubs Geschäft weiter
wuchs, beschloss er, ein paar Helfer einzustellen. Mit
ihrer Hilfe konnte er sein Geschäft ausbauen und noch
mehr Brezeln verkaufen. Er hatte nun einen festen
Platz auf dem Marktplatz, und die Leute kamen aus der
ganzen Stadt, um seine Obwarzanek zu kaufen.

Pytania dotyczące rozumienia tekstu

1. Co to jest Obwarzanek Krakowski?

2. Kim jest Jakub?

3. Czym Jakub był podekscytowany tego dnia?

4. Dlaczego podekscytowanie Jakuba zmieniło się w zdenerwowanie?

5. Jak czuł się Jakub pod koniec dnia?

6. Co Jakub zrobił z zarobionymi pieniędzmi?

7. Co zrobił Jakub, gdy zobaczył człowieka ze znakiem?

8. Co powiedział mężczyzna do Jakuba?

9. Co zrobił Jakub w odpowiedzi?

10. Jaki cel przyświecał Jakubowi przy pisaniu nowego znaku?

Fragen zum Verständnis

1. Was ist der Obwarzanek Krakowski?

2. Wer ist Jakub?

3. Wie aufgeregt war Jakub an diesem Tag?

4. Warum ist Jakubs Aufregung in Nervosität umgeschlagen?

5. Wie hat sich Jakub am Ende des Tages gefühlt?

6. Was hat Jakub mit dem zusätzlichen Geld gemacht, das er verdient hat?

7. Was hat Jakub getan, als er den Mann mit dem Schild sah?

8. Was hat der Mann zu Jakub gesagt?

9. Was hat Jakub daraufhin getan?

10. Welches Ziel verfolgte Jakub mit der Erstellung des neuen Zeichens?

Dolina Dolnej Odry

Dolina Dolnej Odry była kiedyś miejscem tętniącym życiem, pełnym aktywności. Teraz jednak jest **cieniem** dawnego siebie. Pozostały po niej jedynie ruiny domów i przedsiębiorstw. Mówi się, że **dolina** została przeklęta przez mściwego ducha, który został skrzywdzony dawno temu. Nikt nie wie na pewno, co się stało, ale od tamtej pory dolina powoli umiera. **Rośliny** uschły, zwierzęta zniknęły, a w końcu odeszli nawet ludzie. Dziś nikt już nie przyjeżdża do Doliny Dolnej Odry. To tak, jakby w ogóle nie istniała. Jeśli jednak masz dość **odwagi,** by zapuścić się w to opuszczone miejsce, możesz przekonać się, że w tym zapomnianym zakątku świata pozostało jeszcze trochę życia. Przemierzając dolinę, nie sposób oprzeć się wrażeniu smutku. Jakby całe szczęście zostało wyssane z tego miejsca. W oddali widać jednak, że coś **się porusza**. Gdy podchodzisz bliżej, zdajesz sobie sprawę, że to człowiek! Jest poszarpany i **brudny**, ale na pewno żyje. Kiedy Cię widzi, zaczyna uciekać w popłochu.

Próbujesz iść za nimi, ale oni znikają w jednym z **opuszczonych** budynków. Ostrożnie wchodzisz za nimi, nie wiedząc, czego się spodziewać. Wewnątrz budynku jest ciemno i **stęchło**. Dopiero po **chwili** Twoje oczy przyzwyczajają się do ciemności. Gdy to się udaje,

Das Untere Odertal

Das Untere Odertal war einst ein pulsierender Ort, voller Leben und Aktivität. Doch jetzt ist es nur noch ein **Schatten** seines früheren Selbst. Das Einzige, was übrig geblieben ist, sind die Ruinen der einstigen Häuser und Geschäfte. Es heißt, dass das **Tal** von einem rachsüchtigen Geist verflucht wurde, dem vor langer Zeit Unrecht geschehen war. Niemand weiß genau, was passiert ist, aber seither stirbt das Tal langsam vor sich hin. Die **Pflanzen** verdorrten, die Tiere verschwanden, und schließlich verließen auch die Menschen das Tal. Heutzutage kommt niemand mehr in das Untere Odertal. Es ist, als gäbe es es gar nicht mehr. Aber wenn Sie **mutig** genug sind, sich an diesen verlassenen Ort zu wagen, werden Sie vielleicht feststellen, dass es in dieser vergessenen Ecke der Welt noch etwas Leben gibt. Wenn du durch das Tal gehst, kannst du dich einer gewissen Traurigkeit nicht erwehren. Es ist, als wäre das ganze Glück aus diesem Ort herausgesaugt worden. Doch dann siehst du in der Ferne etwas, das **sich bewegt**. Als du näher kommst, erkennst du, dass es ein Mensch ist! Sie sind zerlumpt und **schmutzig**, aber sie sind definitiv lebendig. Als sie dich sehen, fangen sie an, vor Angst wegzurennen.

Du versuchst, ihnen zu folgen, aber sie verschwinden

widzisz osobę skuloną w kącie, trzęsącą się ze strachu. Podchodzisz do niej powoli, nie chcąc przestraszyć jej jeszcze bardziej, niż jest w rzeczywistości. Kiedy jesteś wystarczająco blisko, zdajesz sobie sprawę, że to tylko **dzieci**. Młoda **dziewczyna,** która wygląda na nie więcej niż dziesięć lat, najwyraźniej wiele przeszła, ale wciąż ma w sobie trochę **walki.** Kiedy widzi, że nie zamierzasz jej skrzywdzić, zaczyna się lekko uspokajać. Przez chwilę siedzicie w milczeniu, a dziewczynka próbuje zebrać się na odwagę. W końcu się odzywa i opowiada swoją historię. Mówi, że ma na imię Sara i że była jedną z ostatnich osób, które opuściły dolinę, gdy wszyscy inni się wynosili. Jej rodzice zmarli wkrótce po tym, jak tu przybyli, więc Sara została tu **sama**.

in einem der **verlassenen** Gebäude. Du gehst ihnen vorsichtig nach, ohne zu wissen, was dich erwartet. Im Inneren des Gebäudes ist es dunkel und **muffig**. Es dauert einen **Moment, bis sich** deine Augen an die Dunkelheit gewöhnt haben. Dann siehst du die Person, die in einer Ecke kauert und vor Angst zittert. Du gehst langsam auf sie zu, um sie nicht noch mehr zu erschrecken, als sie ohnehin schon ist. Als du nah genug dran bist, erkennst du, dass es sich nur um **Kinder handelt**. Ein junges **Mädchen**, das nicht älter als zehn Jahre zu sein scheint, hat offensichtlich viel durchgemacht, aber sie hat immer noch etwas **Kampfgeist** in sich. Als sie sieht, dass du ihr nicht wehtun wirst, beruhigt sie sich ein wenig. Ihr beide sitzt eine Weile schweigend da, während das Mädchen versucht, seinen Mut zu sammeln. Schließlich ergreift sie das Wort und erzählt Ihnen ihre Geschichte. Sie sagt, ihr Name sei Sarah und sie sei eine der letzten gewesen, die das Tal verlassen haben, als alle anderen weggezogen sind. Ihre Eltern waren kurz nach ihrer Ankunft hier gestorben, und so war Sarah ganz **allein** an diesem Ort.

Pytania dotyczące rozumienia tekstu

1. Co to jest Dolina Dolnej Odry?

2. Co jest przekleństwem Doliny Dolnej Odry?

3. Kim był mściwy duch, który rzucił klątwę na dolinę?

4. Co się stało z roślinami, zwierzętami i ludźmi w dolinie?

5. Czy ktoś jeszcze mieszka w Dolinie Dolnej Odry?

6. Kim jest Sara?

7. Jak zginęli rodzice Sary?

8. Od jak dawna Sara mieszka w dolinie?

9. Co robiła Sara, gdy zobaczyła osobę, która się do niej zbliżała?

10. Co znajduje osoba, która wchodzi do opuszczonego budynku?

Fragen zum Verständnis

1. Was ist das Untere Odertal?

2. Was ist der Fluch des Unteren Odertals?

3. Wer war der rachsüchtige Geist, der das Tal verflucht hat?

4. Was geschah mit den Pflanzen, Tieren und Menschen im Tal?

5. Lebt noch jemand im Unteren Odertal?

6. Wer ist Sarah?

7. Wie sind Sarahs Eltern gestorben?

8. Wie lange lebt Sarah schon in dem Tal?

9. Was tat Sarah, als sie die Person auf sie zukommen sah?

10. Was findet die Person vor, wenn sie das verlassene Gebäude betritt?

Miasto Gdańsk

Gdańsk był kiedyś kwitnącą **metropolią**. Teraz jednak jest tylko cieniem dawnego siebie. Ulice są **puste,** a budynki się rozpadają. Nad miastem niczym koc unosi się niesamowita cisza. Ale w Gdańsku wciąż jest życie. W opuszczonych budynkach, w ukrytych zakątkach miasta mieszkają ludzie, którzy nie chcą się poddać. Trzymają się nadziei, że pewnego dnia Gdańsk znów powstanie i będzie tym wielkim miastem, którym był kiedyś. Jedną z takich osób jest Janusz Kowalski. Mieszka w Gdańsku całe życie i pamięta, jak to było, zanim wszystko się rozpadło. Teraz spędza dni, włócząc się po ulicach, zbierając **śmieci** i starając się utrzymać porządek. Nie jest to wiele, ale jest to coś, co może zrobić, aby pomóc swojemu **ukochanemu** miastu. Pewnego dnia Janusz był na swoim zwykłym obchodzie, kiedy usłyszał hałas dochodzący z jednego z opuszczonych budynków. Ostrożnie podszedł i **zajrzał do** środka. To, co zobaczył, zszokowało go. Tam mieszkali ludzie! Dzieci biegające wokół, kobiety gotujące przy **ognisku...** To było jak scena z innej epoki.

Janusz nie wiedział, co robić. Chciał pomóc tym ludziom, ale **bał się,** że narazi ich na kłopoty. W końcu zdecydował się pójść do władz i powiedzieć

Die Stadt Gdańsk

Die Stadt Gdańsk war einst eine blühende **Metropole**. Doch jetzt ist sie nur noch ein Schatten ihres früheren Selbst. Die Straßen sind **leer** und die Gebäude verfallen. Eine unheimliche Stille liegt wie eine Decke über der Stadt. Aber es gibt noch Leben in Gdańsk. In den verlassenen Gebäuden, in den versteckten Winkeln der Stadt gibt es Menschen, die sich weigern, ihre Heimat aufzugeben. Sie klammern sich an die Hoffnung, dass Gdańsk eines Tages wieder auferstehen und die große Stadt sein wird, die sie einst war. Einer dieser Menschen ist Janusz Kowalski. Er hat sein ganzes Leben in Gdańsk verbracht und weiß noch, wie es war, bevor alles zusammenbrach. Jetzt verbringt er seine Tage damit, durch die Straßen zu streifen, **Müll aufzusammeln** und zu versuchen, Ordnung zu halten. Es ist nicht viel, aber es ist etwas, das er tun kann, um seiner **geliebten** Stadt zu helfen. Eines Tages war Janusz auf seiner üblichen Runde unterwegs, als er ein Geräusch aus einem der verlassenen Gebäude hörte. Vorsichtig näherte er sich und **spähte** hinein. Was er sah, schockierte ihn. Dort lebten Menschen! Kinder rannten herum, Frauen kochten über einem **Feuer...** es war wie eine Szene aus einer anderen Zeit.

Janusz wusste nicht, was er tun sollte. Er wollte

im o **lokatorach**. Czy na pewno będą w stanie im pomóc? Ale kiedy Janusz poszedł do władz, te tylko go wyśmiały i powiedziały, że nic nie mogą zrobić. Zniechęcony Janusz wrócił do **obozu dla lokatorów** i opowiedział im, co się stało. Ludzie podziękowali mu za jego wysiłki, ale powiedzieli, że są przyzwyczajeni do ignorowania przez władze. Od lat udawało im się przetrwać na własną rękę i w najbliższym czasie nigdzie się nie wybierają. Janusz był zdumiony **odpornością** tych ludzi. Mimo wszystko wciąż walczyli o to, by ułożyć sobie życie. Zaczął ich regularnie odwiedzać, przynosząc jedzenie i zapasy, kiedy tylko mógł. Z czasem poznał ich lepiej i zaczął podziwiać ich **siłę**. Wśród tych wszystkich gruzów i ruin stworzyli swoją małą **społeczność.** Troszczyli się o siebie nawzajem i pomagali sobie.

diesen Menschen helfen, aber er hatte **Angst**, sie in Schwierigkeiten zu bringen. Schließlich beschloss er, zu den Behörden zu gehen und ihnen von den **Hausbesetzern zu erzählen**. Sicherlich würden sie in der Lage sein, ihnen zu helfen? Aber als Janusz zu den Behörden ging, lachten sie ihn nur aus und sagten ihm, dass sie nichts tun könnten. Entmutigt ging Janusz zurück zum **Lager** der Hausbesetzer und erzählte ihnen, was passiert war. Die Leute dankten ihm für seine Bemühungen, sagten aber, sie seien es gewohnt, von der Regierung ignoriert zu werden. Sie hatten jahrelang auf sich allein gestellt überlebt und würden in nächster Zeit nirgendwo hingehen. Janusz war erstaunt über die **Unverwüstlichkeit** dieser Menschen. Trotz allem kämpften sie immer noch darum, sich ein Leben aufzubauen. Er begann, sie regelmäßig zu besuchen und ihnen Lebensmittel und Vorräte zu bringen, wenn er konnte. Mit der Zeit lernte er sie besser kennen und bewunderte ihre **Stärke**. Die Hausbesetzer hatten inmitten all der Trümmer und Ruinen ihre eigene kleine **Gemeinschaft** geschaffen. Sie kümmerten sich umeinander und halfen sich gegenseitig.

Pytania dotyczące rozumienia tekstu

1. Jak wygląda obecnie miasto Gdańsk?

2. Jak gdańszczanie czują się w swoim mieście?

3. Kim jest Janusz Kowalski?

4. Co zrobił Janusz, gdy zobaczył squattersów?

5. Dlaczego władze nie pomogły lokatorom?

6. Jak zareagowali mieszkańcy squatu, gdy Janusz powiedział im o władzach?

7. Co Janusz czuł wobec lokatorów?

8. Co zrobił Janusz, aby pomóc lokatorom?

9. Jak zmieniało się miasto Gdańsk na przestrzeni dziejów?

10. Kim są prawdziwi bohaterowie tej historii?

Fragen zum Verständnis

1. Wie sieht die Stadt Gdańsk heute aus?

2. Was denken die Menschen in Gdańsk über ihre Stadt?

3. Wer ist Janusz Kowalski?

4. Was hat Janusz getan, als er die Hausbesetzer sah?

5. Warum haben die Behörden den Hausbesetzern nicht geholfen?

6. Wie haben die Hausbesetzer reagiert, als Janusz ihnen von den Behörden erzählte?

7. Was hat Janusz über die Hausbesetzer gedacht?

8. Was hat Janusz getan, um den Hausbesetzern zu helfen?

9. Wie hat sich die Stadt Gdańsk im Laufe der Zeit verändert?

10. Wer sind die wahren Helden in dieser Geschichte?

Pierogi

To była ciemna i **burzliwa** noc. Pierożek, mały polski pierożek, trząsł się w swoim **łóżeczku** z liści kapusty. Został sam w zimnej, wilgotnej **piwnicy** i bardzo się bał. Nagle usłyszał kroki na schodach prowadzących w dół do piwnicy. Ktoś po niego szedł! Pierogi próbował schować się pod liście kapusty, ale było już za późno. Drzwi do piwnicy otworzyły się i wielka ręka chwyciła go za **kark**. Wyciągnięto go na światło dzienne i stanął twarzą w twarz z bardzo rozgniewaną kobietą. Kobieta krzyczała na Pierożka po polsku, domagając się odpowiedzi na pytanie, dlaczego ukrywa się w jej piwnicy. Pierogi wyjaśnił, że było mu **zimno,** był głodny i nie miał dokąd pójść. Serce kobiety nieco zmiękło, gdy zobaczyła, jak żałośnie wygląda ten mały pierożek, i postanowiła go przygarnąć. Kobieta nakarmiła Pierożka **gotowanymi** ziemniakami i marchewką, a następnie położyła go do łóżka obok własnych dzieci. Zasypiając, Pierogi myślał o tym, jakie miał szczęście, że ta miła kobieta przygarnęła go w tak ciemną i burzliwą noc.

Następnego ranka Pierogi obudził **śmiech**. Zerknął spod kołdry i zobaczył, że dzieci tej kobiety bawią się z nim. Ze starego **pudełka po butach** zrobiły dla niego małe łóżeczko i udawały, że karmią go kawałkami wymyślonego jedzenia. Pierogi był tak wzruszony

Pierogi

Es war eine dunkle und **stürmische** Nacht. Pierogi, der kleine polnische Knödel, zitterte in seinem **Bett** aus Kohlblättern. Er war ganz allein in dem kalten, nassen **Keller**, und er hatte große Angst. Plötzlich hörte er Schritte auf der Treppe, die zum Keller hinunterführte. Jemand war hinter ihm her! Pierogi versuchte, sich unter den Kohlblättern zu verstecken, aber er kam zu spät. Die Kellertür öffnete sich und eine große Hand griff hinein und packte ihn am **Genick**. Er wurde ans Licht gezerrt und sah sich einer sehr wütend aussehenden Frau gegenüber. Die Frau schrie Pierogi auf Polnisch an und wollte wissen, warum er sich in ihrem Keller versteckt hatte. Pierogi erklärte, dass ihm **kalt** war und er Hunger hatte und nirgendwo anders hin konnte. Das Herz der Frau erweichte sich ein wenig, als sie sah, wie erbärmlich der kleine Knödel aussah, und sie beschloss, ihn bei sich aufzunehmen. Die Frau fütterte Pierogi mit **gekochten** Kartoffeln und Karotten und legte ihn dann neben ihre eigenen Kinder ins Bett. Als er einschlief, dachte Pierogi daran, wie viel Glück er hatte, dass die freundliche Frau ihn in einer so dunklen und stürmischen Nacht aufgenommen hatte.

Am nächsten Morgen wachte Pierogi auf, weil er **lachen hörte**. Er lugte unter der Bettdecke hervor und

dobrocią kobiety i jej dzieci, że zaczął płakać. Dzieci przerwały **zabawę** i podeszły do Pierożka, aby go pocieszyć, delikatnie głaskały go po głowie, a on z powrotem zasnął. Kiedy Pierogi obudził się ponownie, był już dzień. Kobiety i jej dzieci już nie było, ale zostawili mu na śniadanie talerz z pierogami. Pierożek był tak szczęśliwy, że zjadł wszystkie, a potem z pełnym brzuchem i ciepłym **sercem** wrócił do snu. Pierogi mieszkał z kobietą i jej dziećmi przez wiele lat i zawsze był szczęśliwy. Nigdy nie zapomniał ciemnej i burzliwej nocy, kiedy po raz pierwszy został przygarnięty, i każdego dnia był wdzięczny za **dobroć** swojej nowej rodziny.

Pewnego dnia, gdy Pierogi były już bardzo stare i **siwe,** dzieci kobiety dorosły i wyprowadziły **się**. Kobieta również przygotowywała się do przeprowadzki, aby zamieszkać ze swoją córką w innym mieście. Przyszła pożegnać się z Pierogiem i mocno go **uściskała**. Pierogi patrzył, jak kobieta odjeżdża, a potem wrócił do **domu**. Bez niej czuł się bardzo pusty, ale Pierogi wiedział, że sobie **poradzi**.

sah, dass die Kinder der Frau mit ihm spielten. Sie hatten aus einem alten **Schuhkarton** ein kleines Bett für ihn gemacht und taten so, als würden sie ihn mit imaginärem Essen füttern. Pierogi war so gerührt von der Freundlichkeit der Frau und ihrer Kinder, dass er zu weinen begann. Die Kinder hörten auf **zu spielen**, kamen zu ihm und trösteten ihn, indem sie ihm sanft den Kopf streichelten, während er wieder einschlief. Als Pierogi wieder aufwachte, war es bereits Tag. Die Frau und ihre Kinder waren nicht mehr da, aber sie hatten ihm einen Teller Pierogi zum Frühstück dagelassen. Pierogi war so glücklich, dass er jeden einzelnen aufaß und dann mit einem vollen Bauch und einem warmen **Herzen** wieder einschlief. Pierogi lebte viele Jahre bei der Frau und ihren Kindern, und er war immer glücklich. Er vergaß nie die dunkle und stürmische Nacht, in der er zum ersten Mal aufgenommen wurde, und er war jeden Tag dankbar für die **Freundlichkeit** seiner neuen Familie.

Eines Tages, als Pierogi sehr alt und **grau** war, waren die Kinder der Frau erwachsen geworden und **weggezogen**. Die Frau bereitete sich darauf vor, ebenfalls umzuziehen, um mit ihrer Tochter in einer anderen Stadt zu leben. Sie kam, um sich von Pierogi zu verabschieden, und **umarmte** ihn herzlich. Pierogi sah zu, wie die Frau wegfuhr, dann ging er zurück ins **Haus**. Ohne sie fühlte es sich sehr leer an, aber Pierogi wusste, dass es ihm **gut gehen** würde.

Pytania dotyczące rozumienia tekstu

1. Co robi Pierogi, gdy słyszy kroki schodzące do piwnicy?

2. Dlaczego kobieta była zła, gdy znalazła Pierogi w swojej piwnicy?

3. Co kobieta zrobiła dla Pierożka po tym, jak postanowiła go przygarnąć?

4. Jak czuł się Pierożek, gdy obudził się na dźwięk śmiechu?

5. Dlaczego Pierogi był wdzięczny swojej nowej rodzinie?

6. Kiedy Pierogi ponownie spotyka się z kobietą po jej wyprowadzce?

7. Co robi Pierogi, gdy kobieta przychodzi się pożegnać?

8. Jak się czuje Pierogi po wyjściu kobiety?

Fragen zum Verständnis

1. Was macht Pierogi, als er Schritte im Keller hört?

2. Warum war die Frau wütend, als sie Pierogi in ihrem Keller fand?

3. Was hat die Frau für Pierogi getan, nachdem sie beschlossen hatte, ihn bei sich aufzunehmen?

4. Wie hat sich Pierogi gefühlt, als er durch das Lachen aufgewacht ist?

5. Warum war Pierogi dankbar für seine neue Familie?

6. Wann sieht Pierogi die Frau wieder, nachdem sie weggezogen ist?

7. Was macht Pierogi, als die Frau kommt, um sich zu verabschieden?

8. Wie fühlt sich Pierogi, nachdem die Frau gegangen ist?

Solidarność

Na początku lat 80. w Polsce panował **chaos**. Po II wojnie światowej Związek Radziecki ustanowił w Polsce rząd komunistyczny, a ludzie byli **zmęczeni** uciskiem. Chcieli zmian. W sierpniu 1980 r. robotnicy w Stoczni Gdańskiej rozpoczęli strajk, protestując przeciwko warunkom pracy i niskim płacom. Lech Wałęsa, **elektryk w** stoczni, stał się przywódcą strajkujących. Pomógł on wynegocjować porozumienie z dyrekcją, które przewidywało podwyżki i poprawę warunków pracy. Wydarzenie to zapoczątkowało ogólnokrajowy ruch na rzecz reform, znany jako Solidarność. Przez ponad rok Solidarność walczyła o demokrację i prawa człowieka w Polsce. W grudniu 1981 r. rząd wprowadził stan wojenny, próbując w ten sposób **zdławić** ruch. Jednak Solidarność kontynuowała pokojową walkę o **reformy** przez całe lata 80., aż w końcu osiągnęła sukces w 1989 r., kiedy w całej Europie Wschodniej upadł komunizm. Był gorący letni dzień w Gdańsku, a stoczniowcy pocili się podczas pracy. Lech Wałęsa, elektryk, pracował na **suwnicy,** gdy usłyszał krzyki dochodzące z drugiej strony stoczni. Zszedł na dół, żeby zobaczyć, co się dzieje.

Grupa robotników zebrała się wokół brygadzisty, który krzyczał na nich. Brygadzista żądał, aby

Solidarność

Es waren die frühen 1980er Jahre in Polen, und das Land befand sich in einem Zustand des **Aufruhrs**. Die Sowjetunion hatte nach dem Zweiten Weltkrieg eine kommunistische Regierung in Polen eingesetzt, und die Menschen waren **es leid**, unterdrückt zu werden. Sie wollten eine Veränderung. Im August 1980 traten die Arbeiter der Danziger Werft in den Streik, um gegen die Arbeitsbedingungen und die niedrigen Löhne zu protestieren. Lech Wałęsa, ein **Elektriker** auf der Werft, entwickelte sich zum Anführer der Streikenden. Er trug dazu bei, mit der Geschäftsführung eine Vereinbarung auszuhandeln, die Lohnerhöhungen und bessere Arbeitsbedingungen vorsah. Dieses Ereignis löste eine landesweite Bewegung für Reformen aus, die als Solidarność (Solidarität) bekannt wurde. Über ein Jahr lang kämpfte die Solidarność für Demokratie und Menschenrechte in Polen. Im Dezember 1981 verhängte die Regierung das Kriegsrecht, um zu versuchen, die Bewegung **zu zerschlagen**. Die Solidarność kämpfte jedoch während der gesamten 1980er Jahre friedlich für **Reformen**, bis sie schließlich 1989, als der Kommunismus in ganz Osteuropa zusammenbrach, erfolgreich war. Es war ein heißer Sommertag in Gdańsk, und die Werftarbeiter schwitzten bei ihrer Arbeit. Lech Wałęsa, ein Elektriker, arbeitete

wrócili do pracy, bo w przeciwnym razie odbierze
im wynagrodzenie. Robotnicy byli wściekli i nie
chcieli **ustąpić**. Wałęsa wystąpił do przodu i zapytał
brygadzistę, co się dzieje. Brygadzista powiedział
mu, że kierownictwo postanowiło obniżyć płace o 10
procent we **wszystkich zakładach**. Wałęsa nie mógł
w to uwierzyć! Wiedział, że pracownicy nie mogą sobie
pozwolić na kolejną obniżkę płac - wielu z nich już
teraz walczy o przetrwanie. Wałęsa zwołał **zebranie
pracowników,** a ci postanowili rozpocząć **strajk**.
Wyznaczyli linie pikiet i zaczęli rozprzestrzeniać się
po innych stoczniach w całej Polsce. Wkrótce strajki
wybuchały w całym kraju. Rząd zareagował, wysyłając
policję i **żołnierzy,** aby rozbić protesty. Jednak ludzie
nie dali się uciszyć. Nie ustawali w walce o swoje
prawa, nawet jeśli oznaczało to narażenie się na
przemoc ze strony rządzących.

gerade an einem **Kran**, als er Schreie von der anderen Seite der Werft hörte. Er kletterte hinunter, um zu sehen, was da los war.

Eine Gruppe von Arbeitern war um einen Vorarbeiter versammelt, der sie anschrie. Der Vorarbeiter forderte sie auf, wieder an die Arbeit zu gehen, oder er würde ihnen den Lohn kürzen. Die Arbeiter waren wütend und weigerten sich, **sich zu rühren**. Wałęsa trat vor und fragte den Vorarbeiter, was los sei. Der Vorarbeiter erklärte ihm, dass die Geschäftsleitung beschlossen hatte, die Löhne **generell** um 10 Prozent zu kürzen. Wałęsa konnte es nicht fassen! Er wusste, dass sich die Arbeiter eine weitere Lohnkürzung nicht leisten konnten - viele kämpften schon jetzt ums Überleben. Wałęsa berief eine **Versammlung** der Arbeiter ein, und sie beschlossen, in den **Streik zu treten**. Sie errichteten Streikposten und verbreiteten die Nachricht in anderen Werften in ganz Polen. Bald kam es im ganzen Land zu Streiks. Die Regierung reagierte mit der Entsendung von Polizei und **Soldaten**, um die Proteste zu zerschlagen. Doch die Menschen ließen sich nicht zum Schweigen bringen. Sie kämpften weiter für ihre Rechte, auch wenn sie dafür **Gewalt** von Seiten der Machthaber in Kauf nehmen mussten.

Pytania dotyczące rozumienia tekstu

1. Jak nazywał się ruch, który walczył o demokrację i prawa człowieka w Polsce?

2. W którym roku zaczęto wprowadzać stan wojenny, próbując zdławić ruch?

3. Kto stał na czele ruchu "Solidarność"?

4. Przeciwko czemu protestowali robotnicy, podejmując strajk?

5. Dlaczego w odpowiedzi rząd wysłał policję i żołnierzy w celu rozbicia protestów?

6. Jakie porozumienie pomógł wynegocjować Lech Wałęsa z kierownictwem?

7. O co walczył naród polski?

8. Co wydarzyło się w 1989 roku?

9. Jakie jest dziedzictwo ruchu Solidarność?

Fragen zum Verständnis

1. Wie hieß die Bewegung, die für Demokratie und Menschenrechte in Polen kämpfte?

2. In welchem Jahr begann die Verhängung des Kriegsrechts, um die Bewegung zu unterdrücken?

3. Wer war der Anführer der Solidarnosc-Bewegung?

4. Wogegen protestierten die Arbeiter, als sie in den Streik traten?

5. Warum reagierte die Regierung mit dem Einsatz von Polizei und Soldaten, um die Proteste aufzulösen?

6. Welches Abkommen hat Lech Wałęsa mit dem Management ausgehandelt?

7. Wofür haben die Menschen in Polen gekämpft?

8. Was geschah im Jahr 1989?

9. Was ist das Vermächtnis der Solidaritätsbewegung?

Kraków

Kraków był kiedyś tętniącym życiem miastem, pełnym życia i **energii**. Teraz jednak jest cieniem dawnego siebie. Ulice są puste, budynki **się rozpadają**, a jedynym dźwiękiem jest wiatr hulający po opustoszałych ulicach. Nie zawsze tak było. Jeszcze kilka lat temu Kraków kwitł. Ale potem przyszła **wojna**. A wraz z nią śmierć i zniszczenie. Miasto zostało zbombardowane bezlitośnie, aż pozostały po nim tylko gruzy i popiół. Teraz jest to miasto duchów, pamiątka po tym, co było kiedyś. Ale są jeszcze ludzie, którzy nie chcą się poddać. Wciąż żyją w ruinach, zdecydowani odbudować swoje miasto i sprawić, by znów kwitło. Jedną z takich osób jest Janina. **Urodziła** się i wychowała w Krakowie, i kocha swoje miasto całym sercem. Każdego dnia niestrudzenie pracuje przy usuwaniu **gruzów** i naprawianiu tego, co da się naprawić. To **powolny** proces, ale nie przeszkadza jej to, bo wie, że pewnego dnia Kraków znów powstanie.

Pewnego dnia Janina pracuje przy oczyszczaniu fragmentu ulicy, gdy słyszy **hałas**. Rozgląda się, ale nikogo tam nie ma. Wzrusza ramionami i wraca do pracy, ale hałas jest coraz głośniejszy. W końcu nie wytrzymuje, musi zobaczyć, co to za dźwięk. Podąża za hałasem, aż dociera do małego **otworu** w ziemi.

Na plaży

Po wschodzie słońca fale są głośniejsze, a piasek nad odpływem jest biały. Schodzę na plażę, **podziwiając** morze i słońce. Moje palce czują żłobienia muszelek. Piasek jest zimny na moich palcach. Uśmiecham się i idę dalej. Przypływ jest duży, więc muszę uważać, żeby nie dać się wciągnąć. Idę wzdłuż brzegu wody, podziwiając morze. Wschód słońca jest **piękny**, a fale rozbijają się o brzeg. Czuję się tak spokojnie. Dochodzę do miejsca, gdzie znajduje się wychodnia skalna. Siadam i patrzę na fale. Woda jest taka niebieska, a niebo takie **pomarańczowe**. Czuję się jak we śnie. Zamykam oczy i wsłuchuję się w szum fal. Siedziałem tam długo, aż usłyszałem, że ktoś woła moje imię.

Otwieram oczy i widzę mamę, która idzie w moją stronę. Ma zmartwiony wyraz twarzy. Uśmiecham się i macham, a ona się **rozluźnia**. "Zastanawiałam się, dokąd poszedłeś" - mówi. "Cieszę się, że dobrze się bawisz na plaży". Odpowiadam: "Tak." "Jest tu tak pięknie." "Wiem," mówi. "Kiedy byłam w twoim wieku, ciągle tu przyjeżdżałam". "Naprawdę?" pytam. "Tak" - odpowiada. "To wyjątkowe miejsce." "Czy spotkałaś tu kiedyś kogoś wyjątkowego?" pytam. "Tak" - odpowiada z uśmiechem. "Twojego ojca." "Naprawdę?" mówię **zaskoczony**. "Tak," mówi. "Przychodziliśmy tu razem przez cały czas. Tu się zakochaliśmy. "Uśmiecham się,

Fragen zum Verständnis

1. Wie sah Kraków vor dem Krieg aus?

2. Wie hat sich der Krieg auf Krakau ausgewirkt?

3. Wer ist Janina?

4. Was ist Janinas Ziel?

5. Was macht Janina, wenn sie ein Geräusch hört?

6. Woher kommt der Lärm?

7. Wer ist in dem Tunnel gefangen?

8. Wie denkt Janina über die Zukunft von Krakau?

9. Was ist Janinas neues Projekt?

10. Wie fühlt sich Janina, wenn sie durch die Straßen geht?

Pytania dotyczące rozumienia tekstu

1. Jak wyglądał Kraków przed wojną?

2. Jak wojna wpłynęła na Kraków?

3. Kim jest Janina?

4. Jaki jest cel Janiny?

5. Co robi Janina, gdy słyszy hałas?

6. Skąd dochodzi hałas?

7. Kto jest uwięziony w tunelu?

8. Co Janina sądzi o przyszłości Krakowa?

9. Jaki jest nowy projekt Janiny?

10. Co czuje Janina, gdy idzie ulicami miasta?

sich um, aber es ist niemand da. Sie zuckt mit den Schultern und macht sich wieder an die Arbeit, aber das Geräusch wird immer lauter. Schließlich hält sie es nicht mehr aus, sie muss nachsehen, woher das Geräusch kommt. Sie folgt dem Geräusch, bis sie zu einer kleinen **Öffnung** im Boden kommt. Es sieht aus wie eine Art Tunnel. Und dann hört sie es wieder: eine leise **Stimme,** die um Hilfe ruft. Ohne zu zögern, klettert Janina in den Tunnel hinunter. Er ist dunkel, eng und voller Windungen. Aber sie hält nicht an, denn jemand braucht ihre Hilfe. Nachdem sie gefühlte Stunden durch die Dunkelheit gekrochen ist, kommt Janina schließlich zu einer kleinen Kammer, in der die **Person** gefangen ist. Sie ist verletzt und dehydriert, aber sie lebt. Mit Janinas Hilfe schaffen sie es aus dem Tunnel und zurück in die Stadt. "Wir dachten, alle hätten uns im Stich gelassen", sagen sie schwach. Aber ihr seid zu uns zurückgekommen.""Ich könnte meine Heimat nie verlassen", antwortet Janina lächelnd. Und von diesem **Moment** an weiß sie, dass Krakau nie wirklich verloren sein wird, solange es Menschen gibt, denen die Stadt wichtig **genug ist**, um für ihr Überleben zu kämpfen.

Wygląda to jak jakiś tunel. I wtedy słyszy go ponownie: słaby **głos** wołający o pomoc. Janina bez wahania schodzi w głąb tunelu. Jest ciemny, ciasny, pełen zakrętów i zawijasów. Ale nie zatrzymuje się, bo ktoś potrzebuje jej pomocy. Po godzinach czołgania się w ciemnościach Janina dociera w końcu do małej komory, w której uwięziona jest **osoba.** Jest ranna i odwodniona, ale żyje. Z pomocą Janiny udaje im się wydostać z tunelu i wrócić do miasta. "Myśleliśmy, że wszyscy nas opuścili - mówią słabo - ale wy wróciliście po nas". Ale wy wróciliście po nas." "Nigdy nie mogłabym opuścić swojego domu" - odpowiada z uśmiechem Janina. I od tej **chwili** wie, że Kraków nigdy nie będzie naprawdę stracony, dopóki są ludzie, którym zależy na nim na **tyle,** by walczyć o jego przetrwanie.

Krakau

Krakau war einst eine pulsierende Stadt, voller Leben und **Energie**. Doch jetzt ist sie nur noch ein Schatten ihres früheren Selbst. Die Straßen sind leer, die Gebäude **bröckeln**, und das einzige Geräusch ist der Wind, der durch die verlassenen Straßen weht. Das war nicht immer so. Noch vor ein paar Jahren blühte Krakau. Doch dann kam der **Krieg**. Und mit ihm Tod und Zerstörung. Die Stadt wurde gnadenlos bombardiert, bis nur noch Schutt und Asche übrig waren. Jetzt ist sie eine Geisterstadt, eine Erinnerung an das, was einmal war. Aber es gibt immer noch Menschen, die sich weigern, Kraków aufzugeben. Sie leben weiterhin in den Ruinen und sind entschlossen, ihre Stadt wieder aufzubauen und sie wieder zum Blühen zu bringen. Eine dieser Menschen ist Janina. Sie ist in Krakau **geboren** und aufgewachsen, und sie liebt ihre Stadt von ganzem Herzen. Jeden Tag arbeitet sie unermüdlich daran, die **Trümmer zu beseitigen** und zu reparieren, was repariert werden kann. Es ist ein **langsamer** Prozess, aber das macht ihr nichts aus, denn sie weiß, dass Krakau eines Tages wieder auferstehen wird.

Eines Tages ist Janina dabei, einen Teil der Straße zu säubern, als sie ein **Geräusch** hört. Sie schaut

Am Strand

Nach Sonnenaufgang sind die Wellen lauter und der Sand über der Flut ist weiß. Ich gehe hinunter zum Strand, **bewundere** das Meer und die Sonne. Meine Zehen spüren die Rillen der Muscheln. Der Sand ist kalt an meinen Zehen. Ich lächle und gehe weiter. Die Flut ist hoch, also muss ich aufpassen, dass ich nicht hineingezogen werde. Ich laufe am Ufer entlang und bewundere das Meer. Der Sonnenaufgang ist **wunderschön**, und die Wellen plätschern. Ich fühle mich so friedlich. Ich komme zu einer Stelle, an der ein Felsvorsprung steht. Ich setze mich hin und beobachte die Wellen. Das Wasser ist so blau und der Himmel ist so **orange**. Ich fühle mich wie in einem Traum. Ich schließe die Augen und lausche einfach nur den Wellen. Ich saß lange Zeit dort, bis ich hörte, wie jemand meinen Namen rief.

Ich öffne meine Augen und sehe meine Mutter auf mich zukommen. Sie hat einen besorgten Ausdruck im Gesicht. Ich lächle und winke, und sie **entspannt sich**. "Ich habe mich schon gefragt, wo du bist", sagt sie. "Ich freue mich, dass du den Strand genießt." Ich antworte: "Das tue ich." "Es ist so schön hier." "Ich weiß", sagt sie. "Als ich in deinem Alter war, bin ich ständig hierhergekommen." "Wirklich?" frage ich. "Ja", antwortet sie. "Es ist ein besonderer Ort.""Hast du

wyobrażając sobie, jak moi rodzice zakochują się na tej pięknej plaży. "To wyjątkowe miejsce" - powtarza. "Cieszę się, że tu dziś przyjechaliście".

Siedzimy tam jeszcze przez chwilę, **obserwując** fale i zachód słońca. Potem wstajemy i wracamy do naszych plażowych ręczników. Ja kładę się i patrzę w gwiazdy. Czuję się taka szczęśliwa i zadowolona. Fale są teraz głośniejsze, a piasek zimny. Słońce zachodzi i wieje chłodna bryza. Fale rozbijają się o brzeg, a w powietrzu unosi się zapach soli. To idealny wieczór na plażę. Spaceruję wzdłuż brzegu, **wsłuchując się w** szum fal i obserwując zachód słońca. Widzę grupę ludzi siedzących na piasku, śmiejących się i żartujących. Wygląda na to, że świetnie się bawią. Podchodzę do nich i pytam, czy mogę do nich dołączyć. Zgodzili się i spędziliśmy resztę wieczoru, rozmawiając, śmiejąc się i oglądając zachód **słońca**. To jest doskonały wieczór.

hier jemals jemand Besonderen getroffen?" frage ich. "Ja", antwortet sie mit einem Lächeln. "Deinen Vater." "Wirklich?" sage ich **erstaunt**. "Ja", sagt sie. "Wir waren früher immer zusammen hier. Hier haben wir uns verliebt. "Ich lächle und **stelle mir** meine Eltern **vor, wie sie sich** an diesem schönen Strand verlieben. "Es ist ein besonderer Ort", wiederholt sie. "Ich bin froh, dass du heute hierher gekommen bist."

Wir sitzen noch eine Weile da und **beobachten** die Wellen und den Sonnenuntergang. Dann stehen wir auf und gehen zurück zu unseren Strandtüchern. Ich lege mich hin und schaue mir die Sterne an. Ich fühle mich so glücklich und zufrieden. Die Wellen sind jetzt lauter, und der Sand ist kalt. Die Sonne geht unter und eine kühle Brise weht. Die Wellen schlagen gegen das Ufer, und der Geruch von Salz liegt in der Luft. Es ist ein perfekter Abend, um am Strand zu sein. Ich spaziere am Ufer entlang, **lausche dem** Rauschen der Wellen und beobachte den Sonnenuntergang. Ich sehe eine Gruppe von Leuten, die lachend und scherzend im Sand sitzen. Sie sehen aus, als hätten sie eine tolle Zeit. Ich gehe zu ihnen hin und frage, ob ich mich zu ihnen setzen darf. Sie sagen ja, und wir verbringen den Rest des Abends damit, uns zu unterhalten, zu lachen und den **Sonnenuntergang** zu beobachten. Es ist ein perfekter Abend.

Pytania dotyczące rozumienia tekstu

1. Dokąd udaje się narratorka po przebudzeniu?

2. Czym zachwyca się narratorka, spacerując po plaży?

3. Na co musi uważać narratorka podczas spaceru po plaży?

4. Gdzie siada narrator, aby podziwiać widok?

5. Jak długo narrator tam siedzi?

6. Kogo widzi narratorka, gdy ponownie otwiera oczy?

7. Co mówi matka narratora?

8. O czym rozmawiają narratorka i ludzie, których spotyka?

Fragen zum Verständnis

1. Wohin geht die Erzählerin, nachdem sie aufgewacht ist?

2. Was bewundert die Erzählerin, während sie am Strand entlanggeht?

3. Worauf muss die Erzählerin aufpassen, wenn sie am Strand entlanggeht?

4. Wo setzt sich der Erzähler hin, um die Aussicht zu genießen?

5. Wie lange sitzt der Erzähler dort?

6. Wen sieht die Erzählerin, als sie ihre Augen wieder öffnet?

7. Was sagt die Mutter des Erzählers?

8. Worüber sprechen die Erzählerin und die Menschen, die sie trifft?

Kemping nad jeziorem

Idę w stronę jeziora, **podziwiając** spokój tego miejsca. Słońce świeci nad małym jeziorem, sprawiając, że woda wygląda jak tafla szkła. Jedynym ruchem jest sporadyczne falowanie ryby **przełamującej** powierzchnię. Nawet ptaki wydają się odpoczywać od upału, a powietrze wypełnia jedynie dźwięk cykad. **Nagle** spokój przerywa głośny plusk. Duża **ryba** wyskakuje z wody, próbując złapać ważkę. Ryba nie trafia w cel i z pluskiem wpada z powrotem do wody. "Wow", myślę sobie, "to była duża ryba!". Rozejrzałem się, czy nikt inny jej nie widział, ale nikogo nie było w pobliżu. Chyba będę musiał im o tym powiedzieć po powrocie do obozu".

Upał jest **uciążliwy**, trudno oddychać. Powietrze jest gęste i ciężkie, jak owinięty wokół ciebie koc. Jedyną ulgę przynosi woda. Jest chłodna i orzeźwiająca, jak zimny napój w upalny dzień. Biorę głęboki oddech i zanurzam się w wodzie. Ulga jest natychmiastowa, bo otacza mnie chłodna woda. Płynę do dna, a potem wypływam na powierzchnię, czując, jak woda chłodzi moje ciało. Kontynuuję **pływanie**, ciesząc się chwilą wytchnienia od upału. Po pewnym czasie wychodzę z wody i kładę się na trawie, pozwalając, aby słońce

Camping am See

Ich gehe auf den See zu und **bewundere** die Ruhe, die hier herrscht. Die Sonne brennt auf den kleinen See und lässt das Wasser wie eine Glasscheibe aussehen. Die einzige Bewegung ist das gelegentliche Plätschern eines Fisches, der die Oberfläche durchbricht. Selbst die Vögel scheinen sich von der Hitze zu erholen, denn nur das Zirpen der Zikaden erfüllt die Luft. **Plötzlich wird** die Ruhe durch ein lautes Plätschern unterbrochen. Ein großer **Fisch ist aus dem** Wasser gesprungen und versucht, eine Libelle zu fangen. Der Fisch verfehlt sein Ziel und fällt mit einem Platschen zurück ins Wasser. "Wow", denke ich mir, "das war ein großer Fisch!". Ich schaue mich um, um zu sehen, ob ihn noch jemand gesehen hat, aber es ist niemand da. Ich werde es ihnen wohl erzählen müssen, wenn ich zum Camp zurückkehre.

Die Hitze ist **drückend** und macht das Atmen schwer. Die Luft ist dick und schwer, wie eine Decke, die einen einhüllt. Die einzige Erleichterung bietet das Wasser. Es ist kühl und erfrischend, wie ein kaltes Getränk an einem heißen Tag. Ich atme tief ein und tauche ins Wasser ein. Die Erleichterung tritt sofort ein, als mich das kühle Wasser umgibt. Ich schwimme auf den Grund

osuszyło moje ciało. Zamykam oczy i odpływam w sen, a dźwięk **cykad wprowadza** mnie w głęboki sen. Pozwalam słońcu wypalić wodę z mojej skóry. Czuję, że moja skóra robi się czerwona, ale nie dbam o to. Jest mi zbyt gorąco, by się tym przejmować. Następną rzeczą, jaką pamiętam, jest zachodzące słońce. Niebo ma piękny pomarańczowy kolor ze smugami różu i fioletu. Upał zniknął, zastąpiony przez chłodną **bryzę**.

Wstaję i zakładam ubranie, czuję się odświeżona i odmłodzona. Biorę głęboki **wdech** chłodnego powietrza i uśmiecham się. Dobrze jest być żywym. Wracam do obozowiska, podziwiając, jak kolory tańczą na niebie. W oddali widzę płonące ognisko, a w powietrzu czuję zapach dymu. Uśmiecham się i **przyspieszam** kroku. Jestem gotowa, by się zrelaksować i cieszyć się resztą wieczoru. Wchodzę na kemping i widzę, że wszyscy zgromadzili się wokół ogniska. **Śmieją** się i żartują, a w ich oczach odbija się ogień. Uśmiecham się i siadam obok moich przyjaciół. Dobrze jest być z powrotem.

und dann wieder an die Oberfläche und spüre, wie das Wasser meinen Körper kühlt. Ich **schwimme** weiter meine Runden und genieße die Abkühlung von der Hitze. Nach einer Weile steige ich aus dem Wasser und lege mich ins Gras, damit die Sonne meinen Körper trocknen kann. Ich schließe die Augen und schlafe ein. Das **Zirpen der Zikaden** wiegt mich in einen tiefen Schlaf. Ich lasse die Sonne das Wasser aus meiner Haut brennen. Ich spüre, wie meine Haut rot wird, aber es ist mir egal. Mir ist zu heiß, als dass es mir etwas ausmachen würde, und schon geht die Sonne unter. Der Himmel färbt sich orange mit rosa und violetten Reflexen. Die Hitze ist verschwunden und wird durch eine kühle **Brise** ersetzt.

Ich stehe auf und ziehe mich wieder an, fühle mich erfrischt und verjüngt. Ich **atme** tief die kühle Luft ein und lächle. Es ist ein gutes Gefühl, lebendig zu sein. Ich laufe zurück zum Campingplatz und bewundere, wie die Farben am Himmel tanzen. In der Ferne sehe ich das Lagerfeuer brennen und kann den Rauch in der Luft riechen. Ich lächle und **beschleunige** mein Tempo. Ich bin bereit, mich zu entspannen und den Rest des Abends zu genießen. Ich betrete den Lagerplatz und sehe, dass alle um das Feuer versammelt sind. Sie **lachen** und scherzen, und ich kann sehen, wie sich das Feuer in ihren Augen spiegelt. Ich lächle und setze mich neben meine Freunde. Es ist schön, wieder hier zu sein.

Pytania dotyczące rozumienia tekstu

1. Dokąd zmierza piechur?

2. Jaka jest pogoda?

3. Jak wygląda woda?

4. Jak piechur reaguje na ciepło?

5. Co robi ryba?

6. Dlaczego spacerowicz jest sam?

7. Jakie wrażenie robi woda?

8. Jak się czuje piechur po pływaniu?

9. O jakiej porze dnia budzi się piechur?

Fragen zum Verständnis

1. Wohin geht der Wanderer?

2. Was für ein Wetter ist es?

3. Wie sieht das Wasser aus?

4. Wie reagiert der Wanderer auf die Hitze?

5. Was macht der Fisch?

6. Warum ist der Wanderer allein?

7. Wie fühlt sich das Wasser an?

8. Wie fühlt sich der Wanderer nach dem Schwimmen?

9. Zu welcher Tageszeit wacht der Wanderer auf?

Dom

W zeszłym tygodniu wprowadziłam się do nowego domu i jestem taka **podekscytowana**! Jest o wiele większy niż mój stary i ma duże podwórko. Nie mogę się doczekać, kiedy będę mogła zapraszać przyjaciół na grilla i imprezy. Moją **ulubioną** częścią jest moja nowa sypialnia. Jest taka duża i jasna, a ja mam w niej dużo miejsca na swoje rzeczy. Jestem bardzo zadowolona z mojego nowego domu i myślę, że będę tu bardzo szczęśliwa. Postanowiłem jeszcze trochę pozwiedzać dom. Weszłam na drugie piętro i zaczęłam iść do kuchni, kiedy zobaczyłam wielkiego czarnego pająka na ścianie! Krzyknęłam i zbiegłam na dół. Tak bardzo się **bałam**! Ale po kilku minutach uspokoiłem się i postanowiłem wrócić na górę. Powoli dotarłem do kuchni i zobaczyłem, że pająka już nie ma. Bardzo mi ulżyło! Wróciłem na dół i postanowiłem wyjść na zewnątrz, aby zbadać **podwórko**. Był taki duży! Nie mogłem w to uwierzyć. W rogu widziałem huśtawkę i zjeżdżalnię. Zobaczyłem też siatkę do koszykówki i **trampolinę**. Byłem taki podekscytowany!

Nie mogę się doczekać, kiedy użyję tych wszystkich nowych rzeczy. **Sąsiedzi** przyszli i przedstawili się. Wydawali się bardzo mili i przez chwilę rozmawialiśmy. Zaprosili mnie na grilla w następny weekend, a

Das Haus

Letzte Woche bin ich in mein neues Haus eingezogen, und ich bin so **aufgeregt**! Es ist viel größer als mein altes, und es hat einen großen Garten. Ich kann es kaum erwarten, Freunde zum Grillen und für Partys einzuladen. Mein Lieblingsteil ist mein neues Schlafzimmer. Es ist so groß und hell, und ich habe jede Menge Platz, um all meine Sachen unterzubringen. Ich bin wirklich glücklich mit meinem neuen Haus und denke, dass ich hier sehr glücklich sein werde. Ich beschloss, das Haus noch ein bisschen zu erkunden. Ich ging nach oben in den zweiten Stock und machte mich auf den Weg in die Küche, als ich eine große schwarze Spinne an der Wand sah! Ich schrie auf und rannte die Treppe hinunter. Ich war so **erschrocken**! Aber nach ein paar Minuten beruhigte ich mich und beschloss, wieder nach oben zu gehen. Langsam machte ich mich auf den Weg in die Küche und sah, dass die Spinne weg war. Ich war so erleichtert! Ich ging wieder nach unten und beschloss, nach draußen zu gehen, um den **Garten zu** erkunden. Sie war so groß! Ich konnte es nicht glauben. Ich sah eine Schaukel in der Ecke und eine Rutsche. Ich sah auch ein Basketballnetz und ein **Trampolin**. Ich war so aufgeregt!

ja powiedziałam, że z przyjemnością przyjdę.
Pierwszy tydzień w nowym domu był wspaniały i
jestem podekscytowana nowymi przygodami, które
mnie czekają. Dziś znów zamierzam poszperać na
podwórku i zobaczyć, co jeszcze uda mi się znaleźć.
Kto wie, może nawet znajdę jakiś **skarb**. Nie mogę
się doczekać, co przyniesie następny tydzień! W
następnym tygodniu znów poszedłem na podwórko i
znalazłem **tajemniczy** ogród. Był taki piękny! Wszędzie
były kwiaty i mały staw z rybkami. Zobaczyłam też
huśtawkę, której wcześniej nie widziałam. Byłem bardzo
podekscytowany, że znalazłem ten tajemniczy ogród i
nie mogę się doczekać, aby go jeszcze odkryć. To było
takie **piękne**!

Wszędzie były kwiaty i mały staw z rybkami.
Zobaczyłam też **huśtawkę,** której wcześniej nie
widziałam. Byłem bardzo podekscytowany, że
znalazłem ten tajemniczy ogród i nie mogę się
doczekać, aby go jeszcze odkryć. Bardzo podobał mi
się mój nowy pokój. Był taki duży i jasny, a na ścianach
wisiały już plakaty moich ulubionych zespołów.

Ich kann es kaum erwarten, all diese neuen Sachen zu benutzen. Die **Nachbarn** kamen vorbei und stellten sich vor. Sie schienen wirklich nett zu sein, und wir unterhielten uns eine Weile. Sie luden mich zu ihrem Grillfest am nächsten Wochenende ein, und ich sagte, dass ich gerne kommen würde. Ich hatte eine tolle erste Woche in meinem neuen Haus und freue mich auf all die neuen Abenteuer, die vor mir liegen. Heute werde ich wieder im Garten auf Entdeckungstour gehen und sehen, was ich noch alles finden kann. Wer weiß, vielleicht finde ich ja sogar einen **Schatz**. Ich kann es kaum erwarten, zu sehen, was die nächste Woche bringt! In der nächsten Woche bin ich wieder im Garten auf Entdeckungsreise gegangen und habe einen **geheimen** Garten gefunden. Er war so schön! Überall waren Blumen und ein kleiner Teich mit Fischen drin. Ich habe auch eine Schaukel gesehen, die ich vorher noch nie gesehen hatte. Ich war so aufgeregt, diesen geheimen Garten zu finden, und ich kann es kaum erwarten, ihn weiter zu erkunden. Er war so **schön**!

Überall gab es Blumen und einen kleinen Teich mit Fischen darin. Ich sah auch eine **Schaukel**, die ich vorher noch nicht gesehen hatte. Ich war so aufgeregt, diesen geheimen Garten zu finden, und ich kann es kaum erwarten, ihn weiter zu erkunden. Mein neues Zimmer hat mir auch gut gefallen. Es war so groß und hell, und an den Wänden hingen bereits Poster von meinen Lieblingsbands.

Pytania dotyczące rozumienia tekstu

1. Gdzie mieszka dana osoba?

2. Jak osobie podoba się w nowym domu?

3. Jaka jest ulubiona część nowego domu?

4. Co osoba znalazła w ogrodzie?

5. Kim są sąsiedzi?

6. Jak wyglądały pierwsze dni osoby w nowym domu?

7. Jaka jest ulubiona część nowego pokoju?

8. Co dana osoba planuje robić jutro?

9. Co było najlepsze w pierwszym tygodniu pobytu w nowym domu?

Fragen zum Verständnis

1. Wo wohnt die Person?

2. Wie gefällt es der Person im neuen Haus?

3. Was gefällt der Person am besten an ihrem neuen Haus?

4. Was hat die Person im Garten gefunden?

5. Wer sind die Nachbarn?

6. Wie hat sich die Person in den ersten Tagen in der neuen Wohnung gefühlt?

7. Was gefällt der Person am besten an ihrem neuen Zimmer?

8. Was plant die Person morgen zu tun?

9. Was war das Beste an der ersten Woche im neuen Haus?

W pociągu

Pobiegłem na dworzec kolejowy, ale było za
późno. Pociąg odjechał już beze mnie. Byłam **zła** i
rozczarowana sobą. Planowałam pojechać pociągiem,
aby odwiedzić dziadków, którzy mieszkają na wsi,
ale teraz musiałam czekać całą godzinę na następny
pociąg. Zamiast tego postanowiłem przejść się trochę
po mieście i spróbować zapomnieć o straconej szansie.
Podczas spaceru zacząłem **marzyć** o wszystkich
miejscach, do których mogą zabrać nas **pociągi**. Nagle
przestałem się tak bardzo denerwować. Wracam na
stację i nie mogę nie zauważyć dużej czerwono-biało-
niebieskiej lokomotywy, która zmierza w moją stronę.
Dopiero gdy widzę **konduktora** machającego do mnie z
okna, uświadamiam sobie, że ten pociąg jest dla mnie.
Wsiadam do pociągu, zajmuję miejsce i czekam na to,
co zapowiada się na długą podróż.

Kiedy wyjeżdżamy ze stacji, nie mogę przestać się
zastanawiać, dokąd zabierze mnie ten pociąg. Przez
zielone **pola** i błękitne rzeki, przez góry i doliny - nie
wiadomo, dokąd pojedzie ten stary pociąg. Gdy
zaczyna zapadać noc, zapadam w **spokojny** sen,
kołysany **rytmicznym** ruchem wagonów na torach
poniżej. Kiedy nadchodzi ranek, otwieram oczy i
widzę, że dotarliśmy do małego miasteczka, gdzieś

Im Zug

Ich rannte zum Bahnhof, aber ich war zu spät. Der Zug war bereits ohne mich abgefahren. Ich war so **wütend** und **enttäuscht** von mir selbst. Ich hatte geplant, mit dem Zug meine Großeltern zu besuchen, die auf dem Land leben, aber jetzt würde ich eine ganze Stunde auf den nächsten Zug warten müssen. Ich beschloss, stattdessen eine Weile durch die Stadt zu laufen und versuchte, die verpasste Gelegenheit zu vergessen. Beim Spazierengehen begann ich von all den Orten zu **träumen, an die man mit dem Zug** gelangen kann. Plötzlich war ich nicht mehr so verärgert. Ich gehe zurück in den Bahnhof und kann nicht umhin, die große rot-weiß-blaue Lokomotive zu bemerken, die auf mich zu tuckert. Erst als ich den **Schaffner** sehe, der mir aus dem Fenster zuwinkt, wird mir klar, dass dieser Zug für mich bestimmt ist. Ich steige ein, suche mir einen Sitzplatz und mache mich auf eine lange Reise gefasst.

Als wir aus dem Bahnhof fahren, frage ich mich, wohin dieser Zug mich wohl bringen wird. Durch grüne **Felder** und über blaue Flüsse, vorbei an Bergen und Tälern - man weiß nie, wohin dieser alte Zug fahren wird. Als die Nacht hereinbricht, falle ich in einen **friedlichen** Schlaf, der von der **rhythmischen** Bewegung der Waggons auf den Gleisen unter mir eingelullt wird. Als

pośrodku niczego. Słońce dopiero przebija się przez horyzont, a mieszkańcy zaczynają się zbierać na głównej ulicy; wygląda to jak każdy inny dzień, z wyjątkiem jednej rzeczy - w pobliżu ratusza widnieje duży znak z napisem "Witamy na pokładzie!". Wygląda na to, że to małe miasteczko czekało na nas, mimo że jesteśmy tylko zwykłym pociągiem **pasażerskim** przejeżdżającym w drodze do innego miejsca. Gdy po raz kolejny zostawiamy miasto za sobą, pędząc nie wiadomo dokąd, uśmiecham się do wszystkich przyjaznych twarzy machających na pożegnanie z małych domków położonych wśród **pól - to** naprawdę niesamowite, jak coś tak pozornie zwyczajnego może przynieść tyle radości po prostu przejeżdżając obok. No i oczywiście są jeszcze **dzieci**.

Wychylam się przez okno mojej lokomotywy. Zawsze sprawiają mi radość swoimi błyszczącymi oczami i wielkimi uśmiechami. Pomachałem do nich energicznie, po czym wróciłem do swojej **kabiny i usiadłem**. To był długi dzień, ale jeszcze się nie skończył; do **celu pozostało** jeszcze kilka godzin. Wyciągam książkę i zaczynam czytać, pozwalając, by rytmiczne kołysanie pociągu wprowadziło mnie w spokojny stan.

ich am nächsten Morgen die Augen öffne, sehe ich,
dass wir in einer kleinen Stadt irgendwo im Nirgendwo
angekommen sind. Die Sonne lugt gerade über den
Horizont, als die Einheimischen beginnen, sich auf
der Hauptstraße zu bewegen. Es sieht aus wie jeder
andere Tag hier, bis auf eine Ausnahme: In der Nähe
des Rathauses steht ein großes Schild mit der Aufschrift
"Willkommen an Bord! Es scheint, als hätte diese kleine
Stadt uns erwartet, obwohl wir nur ein gewöhnlicher
Personenzug sind, der auf dem Weg zu einem anderen
Ziel durchfährt. Als wir die Stadt wieder hinter uns
lassen und in Richtung wer weiß wohin tuckern, lächle
ich über all die freundlichen Gesichter, die uns aus
den kleinen Häusern zwischen den **Feldern** zuwinken
- es ist wirklich erstaunlich, wie etwas so scheinbar
Alltägliches so viel Freude bereiten kann, wenn man
einfach durchfährt. Und dann sind da natürlich noch die
Kinder.

Ich lehne mich aus dem Fenster meiner Lokomotive.
Mit ihren leuchtenden Augen und ihrem breiten Grinsen
machen sie mich immer so glücklich. Ich winke ihnen
energisch zu, bevor ich in mein **Abteil** zurückkehre
und mich setze. Es war schon ein langer Tag, aber er
ist noch nicht zu Ende; es sind noch ein paar Stunden,
bis wir unser endgültiges **Ziel** erreichen. Ich ziehe mein
Buch heraus und beginne zu lesen, während mich das
rhythmische Schaukeln des Zuges in einen friedlichen
Zustand versetzt.

Pytania dotyczące rozumienia tekstu

1. Dokąd jedzie pociąg?

2. Kto jedzie pociągiem?

3. Kiedy odjeżdża pociąg?

4. W jaki sposób bohater dostaje się do pociągu?

5. Skąd przyjeżdża pociąg?

6. Dokąd jedzie pociąg?

7. Kiedy przyjechali pasażerowie?

8. Co czuje bohater, gdy spóźnia się na pociąg?

9. Jak reaguje maszynista pociągu, gdy widzi bohatera?

Fragen zum Verständnis

1. Wohin fährt der Zug?

2. Wer reist mit dem Zug?

3. Wann fährt der Zug ab?

4. Wie kommt der Protagonist in den Zug?

5. Woher kommt der Zug?

6. Wohin fährt der Zug als nächstes?

7. Wann sind die Passagiere angekommen?

8. Wie fühlt sich der Protagonist, als er den Zug verpasst?

9. Wie reagiert der Zugführer, als er den Protagonisten sieht?

Gotowanie obiadu

Jest 17:00, a ja wracam z pracy. Nie mogę **się** doczekać spokojnego wieczoru w domu z moim partnerem. Ugotujemy razem kolację, a potem przez resztę wieczoru będziemy się relaksować. Dobrze jest wiedzieć, że tego **wieczoru** nie mam żadnych planów ani obowiązków. Przyjeżdżam do domu, a mój partner jest już w kuchni i zaczyna przygotowywać kolację. Pachnie tu **niesamowicie**! Podczas gotowania rozmawiamy, opowiadając sobie nawzajem o tym, jak minął nam dzień i dzieląc się drobnymi historiami z naszego życia zawodowego. Kuchnia jest moim ulubionym pomieszczeniem w naszym mieszkaniu. Uwielbiam gotować, a szczególnie uwielbiam gotować z moim partnerem. Zawsze dobrze się tu bawimy, śmiejąc się i żartując podczas gotowania. Poza tym, gdy pracujemy **razem,** jedzenie jest zawsze **niesamowite.**

Dziś wieczorem przygotowujemy jeden z moich ulubionych przepisów: parmezan z **kurczaka.** Mój partner zaczyna od panierowania kurczaka, podczas gdy ja przygotowuję sos na **kuchence**. Pracujemy razem jak dobrze naoliwiona maszyna i wkrótce obiad jest gotowy do podania. Siadamy przy naszym małym kuchennym stole z **talerzami wypełnionymi** kurczakiem po parmezańsku, makaronem i sałatką.

Abendessen kochen

Es ist jetzt 17 Uhr und ich gehe von der Arbeit nach Hause. Ich freue **mich** auf einen ruhigen Abend zu Hause mit meinem Partner. Wir werden gemeinsam kochen und uns dann den Rest des Abends entspannen. Es ist ein gutes Gefühl, zu wissen, dass ich heute **Abend** keine Pläne oder Verpflichtungen habe. Als ich zu Hause ankomme, steht mein Partner bereits in der Küche und beginnt mit der Zubereitung unseres Abendessens. Es riecht **fantastisch** hier drin! Während wir kochen, plaudern wir über den Tag des anderen und erzählen uns kleine Geschichten aus unserem Arbeitsleben. Die Küche ist mein Lieblingsraum in unserer Wohnung. Ich liebe es zu kochen, und ganz besonders liebe ich es, mit meinem Partner zu kochen. Wir haben immer so viel Spaß hier drin, lachen und scherzen, während wir kochen. Außerdem ist das Essen immer **unglaublich**, wenn wir **zusammen** arbeiten.

Heute Abend machen wir eines meiner absoluten Lieblingsrezepte: **Hähnchen** Parmesan. Mein Partner beginnt mit dem Panieren des Hähnchens, während ich die Soße auf dem **Herd** zum Kochen bringe. Wir arbeiten zusammen wie eine gut geölte Maschine, und schon bald ist das Abendessen servierfertig. Wir

Stukamy się kieliszkami i bierzemy pierwszy kęs - jest **niebiański**! Kurczak jest chrupiący na zewnątrz, ale soczysty w środku; sos jest aromatyczny i doskonały; makaron ugotowany al dente... wszystko smakuje dziś absolutnie idealnie. Oboje wiemy, że to był jeden z tych wieczorów, kiedy wszystko doskonale się połączyło, a my **delektujemy się** każdym kęsem naszego pysznego posiłku. Smakowało nawet lepiej niż pachniało - co było cholernie dobre! Kończymy posiłek stosunkowo szybko, bo żadne z nas nie jest dziś szczególnie głodne, ale nie spieszymy się, wypijając jeszcze kilka **kieliszków** wina i rozmawiając lekko na ten czy inny temat. Po kolacji szybko sprzątamy, a potem przenosimy się do salonu, gdzie spędzamy trochę czasu, **przytulając się do siebie** na kanapie i oglądając telewizję.

To takie miłe uczucie być blisko siebie po długim dniu **pracy**. Czuję się zadowolona. Mimo że wieczór nie był pełen wrażeń, miło było spędzić trochę czasu razem, nie wychodząc z domu. Obejrzeliśmy film i wcześnie poszliśmy do łóżka, czując się **usatysfakcjonowani** naszym prostym wieczorem.

setzen uns an unseren kleinen Küchentisch mit **Tellern voller** Hähnchen Parmesan, Nudeln und Salat. Wir stoßen mit den Gläsern an und nehmen unseren ersten Bissen - und der ist **himmlisch**! Das Hähnchen ist außen knusprig, aber innen saftig; die Soße ist würzig und perfekt; die Nudeln sind al dente gekocht... alles schmeckt heute Abend absolut perfekt. Wir wissen beide, dass dies einer dieser Abende war, an denen alles perfekt zusammenpasst, und wir **genießen** jeden einzelnen Bissen unseres köstlichen Essens. Es hat sogar noch besser geschmeckt, als es gerochen hat - und das war verdammt gut! Wir sind relativ schnell fertig mit dem Essen, da keiner von uns heute besonders hungrig ist, aber wir lassen uns Zeit und genießen noch ein paar **Gläser** Wein, während wir uns über dieses und jenes Thema unterhalten. Nach dem Essen räumen wir schnell zusammen auf und gehen dann ins Wohnzimmer, wo wir noch eine Weile auf der Couch **kuscheln** und fernsehen.

Es ist so schön, sich nach einem langen **Arbeitstag** einfach nur nahe zu sein. Ich fühle mich zufrieden. Auch wenn wir keinen ereignisreichen Abend hatten, war es schön, einfach etwas Zeit miteinander zu verbringen, ohne das Haus verlassen zu müssen. Wir haben uns einen Film angesehen und sind früh ins Bett gegangen, weil wir mit unserem einfachen Abend **zufrieden waren**.

Pytania dotyczące rozumienia tekstu

1. Skąd pochodzi narrator?

2. Co robi narrator po pracy?

3. Co narrator je na kolację?

4. Dlaczego narrator lubi kuchnię?

5. Jakie danie gotuje para?

6. Jak się czuje narrator pod koniec wieczoru?

7. Jakie jest ulubione zajęcie pary?

8. Co robi para, gdy jest zmęczona?

9. Gdzie śpią?

10. Dlaczego narrator lubi przebywać w domu?

Fragen zum Verständnis

1. Woher kommt der Erzähler?

2. Was macht der Erzähler nach der Arbeit?

3. Was isst der Erzähler zum Abendessen?

4. Warum mag der Erzähler die Küche?

5. Was für ein Gericht kocht das Paar?

6. Wie fühlt sich der Erzähler am Ende des Abends?

7. Was ist die Lieblingsbeschäftigung des Paares?

8. Was tun die beiden, wenn sie müde werden?

9. Wo schlafen sie?

10. Warum bleibt der Erzähler gerne zu Hause?

Spacer do domu

Była to **spokojna** noc, gdy wracałem z pracy do domu.
Idąc, nie mogłem powstrzymać się od uśmiechu
na wspomnienie. Dobrze było być znowu w mojej
starej dzielnicy. Pomachałem do kilku znajomych
osób, a oni odwzajemnili moje pozdrowienia. Dobrze
było być w domu. Przechodząc obok mojej starej
szkoły, **przypomniałem sobie** wszystkie miłe chwile
spędzone z przyjaciółmi. Zawsze wracaliśmy do domu
razem i rozmawialiśmy o naszym dniu. **Czasami**
zatrzymywaliśmy się, żeby kupić lody lub pójść do
parku. To były najlepsze czasy. Brakuje mi tych chwil.
Ale teraz mam własną rodzinę i jestem zadowolona
z życia. Cieszę się, że mogę spojrzeć wstecz na te
wspomnienia i uśmiechnąć się. Są one częścią mojego
życia, którą zawsze będę cenił. To były najlepsze czasy.
Tęsknię za tymi czasami. Ale teraz mam własną rodzinę
i jestem zadowolony z życia. Cieszę się, że mogę
spojrzeć wstecz na te **wspomnienia** i uśmiechnąć się.
Są one częścią mojego życia, którą zawsze będę cenić.

Idę dalej, myśląc o dobrych chwilach spędzonych z
moimi przyjaciółmi. Wiem, że wkrótce znów się z nimi
spotkam. Kieruję się w stronę domu i postanawiam
przejść się po pobliskim parku. Słońce już zachodzi,
a niebo przybiera **piękny** pomarańczowy kolor. Park

Nach Hause gehen

Es war eine **friedliche** Nacht, als ich von der Arbeit nach Hause ging. Als ich ging, konnte ich nicht anders, als über die Erinnerungen zu lächeln. Es fühlte sich gut an, wieder in meiner alten Nachbarschaft zu sein. Ich winkte ein paar Leuten zu, die ich kannte, und sie winkten zurück. Es war schön, wieder zu Hause zu sein. Ich ging an meiner alten Schule vorbei und **erinnerte mich an** all die schönen Zeiten, die ich mit meinen Freunden hatte. Wir gingen immer zusammen nach Hause und sprachen über unseren Tag. **Manchmal hielten** wir an, um ein Eis zu essen oder in den Park zu gehen. Das waren die besten Zeiten. Ich vermisse diese Zeiten. Aber jetzt habe ich meine eigene Familie und bin glücklich mit meinem Leben. Ich bin froh, dass ich auf diese Erinnerungen zurückblicken und lächeln kann. Sie sind ein Teil meines Lebens, den ich immer in Ehren halten werde. Das waren die besten Zeiten. Ich vermisse diese Zeiten. Aber jetzt habe ich meine eigene Familie und bin glücklich mit meinem Leben. Ich bin froh, dass ich auf diese **Erinnerungen** zurückblicken und lächeln kann. Sie sind ein Teil meines Lebens, den ich immer in Ehren halten werde.

Ich gehe weiter und denke an die schöne Zeit, die ich mit meinen Freunden hatte. Ich weiß, dass ich sie bald

jest pusty, poza kilkoma ptakami ćwierkającymi
na drzewach. Biorę głęboki **oddech** i uśmiecham
się. Kiedy spaceruję po parku, widzę, jak po niebie
przemyka spadająca gwiazda. Wypowiedziałem
życzenie do tej gwiazdy i poszedłem dalej. Myślę
o moim dniu w pracy i o tym, jak było **spokojnie**.
Uśmiecham się do siebie, myśląc o tym, jakie mam
szczęście, że mam tak wspaniałą pracę. Wracam do
domu, **czując** na skórze chłodne, nocne powietrze.
Czuję się taka żywa i szczęśliwa, ciesząc się prostą
czynnością, jaką jest powrót do domu w spokojną noc.
Czułem się tak dobrze, że zacząłem **gwizdać**.
Przeszedłem obok kilku osób na ulicy, ale wszyscy byli
zajęci swoimi sprawami.

Skręciłem za róg mojej ulicy i zobaczyłem kota mojego
sąsiada, pana Whiskersa, siedzącego na moim ganku.
Przywitałem się z nim, a on odpowiedział miauknięciem.
Odblokowałem drzwi i wszedłem do środka. Tak
się cieszyłem, że jestem w domu. Zdjąłem buty i
przygotowałem się do spania. Tej nocy położyłem się do
łóżka szczęśliwy i wdzięczny, a moje serce było pełne
miłości. Spałem spokojnie przez całą noc, nie martwiąc
się o nic.

wiedersehen werde. Ich mache mich auf den Weg nach Hause und beschließe, durch einen nahe gelegenen Park zu gehen. Die Sonne geht gerade unter und der Himmel färbt sich in ein **schönes** Orange. Der Park ist leer, bis auf ein paar Vögel, die in den Bäumen zwitschern. Ich **atme** tief ein und lächle. Als ich durch den Park gehe, sehe ich eine Sternschnuppe über den Himmel huschen. Ich wünsche mir etwas von dieser Sternschnuppe und laufe weiter. Ich denke an meinen Arbeitstag und daran, wie **friedlich** er war. Ich lächle vor mich hin und denke daran, wie viel Glück ich habe, einen so tollen Job zu haben. Ich gehe nach Hause und **spüre** die kühle Nachtluft auf meiner Haut. Ich fühle mich so lebendig und glücklich, weil ich es einfach genieße, in einer friedlichen Nacht nach Hause zu gehen. Ich fühlte mich so gut, dass ich anfing zu **pfeifen**. Ich ging an ein paar Leuten auf der Straße vorbei, aber sie kümmerten sich alle um ihre eigenen Angelegenheiten.

Ich bog um die Ecke in meine Straße und sah die Katze meines Nachbarn, Mr. Whiskers, auf meiner Veranda sitzen. Ich grüßte ihn, und er miaute zurück. Ich **schloss** meine Tür auf und ging hinein. Ich war so froh, zu Hause zu sein. Ich zog meine Schuhe aus und machte mich bettfertig. Ich ging an diesem Abend mit einem Gefühl der Freude und Dankbarkeit ins Bett, mein Herz war voller Liebe. Ich schlief die ganze Nacht durch und machte mir keine Sorgen.

Pytania dotyczące rozumienia tekstu

1. Co robił bohater, gdy opowiadanie się zaczynało?

2. O czym myślał bohater, idąc do domu?

3. Co bohater robił po szkole z przyjaciółmi?

4. Za czym bohater tęskni w tamtych czasach?

5. Co bohater myśli o swoim obecnym życiu?

6. Co robi bohater, gdy widzi spadającą gwiazdę?

7. Co czuje bohater, gdy idzie do domu?

8. Co robi bohater po powrocie do domu?

Fragen zum Verständnis

1. Was machte der Protagonist, als die Geschichte begann?

2. Woran hat der Protagonist auf dem Heimweg gedacht?

3. Was hat der Protagonist nach der Schule mit seinen Freunden gemacht?

4. Was vermisst der Protagonist aus dieser Zeit?

5. Was denkt der Protagonist über sein derzeitiges Leben?

6. Was tut der Protagonist, wenn er eine Sternschnuppe sieht?

7. Wie fühlt sich der Protagonist, wenn er nach Hause geht?

8. Was macht der Protagonist, wenn er nach Hause kommt?

Zamek

Rodzina zawsze chciała zwiedzić stary zamek w **Niemczech i w** końcu się na to zdecydowała. Nie byli **rozczarowani**. Zamek był piękny, a zwiedzanie jego wielu pomieszczeń i korytarzy sprawiło im wiele radości. Pierwszą rzeczą, która rzuciła im się w oczy, był zapach. Znaleźli tam **pleśń**, wilgoć i coś jeszcze, czego nie potrafili określić. Drugą rzeczą był dźwięk. Kamienne ściany są grube, ale nie tłumią całkowicie dźwięków. Słyszeli każdy krok, każde słowo wypowiedziane normalnym głosem, a czasem także kapanie wody **gdzieś** w oddali. Gdy ich oczy przyzwyczaiły się do słabego światła, zobaczyli potężne kamienne ściany, z których zwisały **potargane** gobeliny. Znajdowali się w ogromnej sali z wysokim sufitem wspartym na rzeźbionych filarach. Podobały im się też widoki z wieżyczek, a dzieci świetnie się bawiły, biegając po terenie. Gdy skończyli zwiedzać zamek, **słońce** zaczęło już zachodzić i żałowali, że nie wzięli ze sobą **latarki**. Postanowili wrócić do wejścia, ale szybko się zgubili. Błąkali się godzinami, aż w końcu natrafili na drzwi, które prowadziły na zewnątrz. Szli dalej, aż doszli **do** końca korytarza i stanęli przed imponującym zestawem podwójnych drzwi. Próbowali jak mogli, ale drzwi nie chciały się ruszyć. Grzechotały **złowieszczo,** ale nie poruszyły się ani o cal. Wyglądało na to, że

Das Schloss

Die Familie wollte schon immer ein altes Schloss in **Deutschland** besichtigen, und schließlich machten sie sich auf den Weg. Sie wurden nicht **enttäuscht**. Das Schloss war wunderschön, und sie genossen es, die vielen Räume und Gänge zu erkunden. Das erste, was ihnen auffiel, war der Geruch. Sie fanden **Schimmel**, Feuchtigkeit und etwas anderes, das sie nicht genau zuordnen konnten. Das zweite war der Klang. Steinmauern sind zwar dick, aber sie dämpfen den Schall nicht vollständig. Sie hörten jeden Schritt, jedes Wort, das mit normaler Stimme gesprochen wurde, und das gelegentliche Tröpfeln von Wasser **irgendwo** in der Ferne. Als sich ihre Augen an das schwache Licht gewöhnt hatten, sahen sie um sich herum massive Steinwände, an denen Wandteppiche in **Fetzen** hingen. Sie befanden sich in einer riesigen Halle mit einer hohen Decke, die von geschnitzten Säulen getragen wurde. Auch die Aussicht von den Türmen gefiel ihnen, und die Kinder hatten viel Spaß beim Herumtollen auf dem Gelände. Als sie mit der Erkundung des Schlosses fertig waren, ging die **Sonne** bereits unter, und sie bedauerten, dass sie keine **Taschenlampe** mitgenommen hatten. Sie beschlossen, sich auf den Rückweg zum Eingang zu machen, aber sie hatten sich bald verlaufen. Sie irrten gefühlte Stunden umher,

ktokolwiek tu wcześniej był, musiał tędy przejść i zamknąć je od środka. W końcu udało im się znaleźć wyjście. Gdy wyszli na chłodne, nocne powietrze, poczuli ulgę.

Słońce zaczęło zachodzić i **żałowali,** że nie wzięli ze sobą latarki. Postanowili wrócić do wejścia, ale szybko się zgubili. Błąkali się godzinami, aż w końcu natrafili na drzwi, które prowadziły na **zewnątrz**. Gdy wyszli na chłodne, nocne powietrze, poczuli ulgę. Następnego wieczoru postanowili zabrać ze sobą latarkę, aby zwiedzić resztę zamku. Przeszli przez **dziedziniec** i zeszli do rzeki, która płynęła za murami **zamku.** Gdy chodzili po okolicy, zaczęli słyszeć dziwne odgłosy. Wyglądało na to, że ktoś ich śledzi. Przyspieszyli kroku, ale odgłosy były coraz głośniejsze i bliższe. Rodzina wróciła do zamku tak szybko, jak tylko mogła, i z ulgą zauważyła, że postać w **ciemnej** pelerynie nie podążyła za nimi.

bis sie schließlich auf eine Tür stießen, die nach draußen führte. Sie gingen weiter, bis sie das Ende des Flurs **erreichten** und vor einer imposanten Doppeltür standen. So sehr sie sich auch bemühten, die Türen rührten sich nicht. Sie klapperten **bedrohlich**, aber sie bewegten sich keinen Zentimeter. Es sah so aus, als ob derjenige, der vorher hier war, hier durchgegangen sein musste und sie von innen verriegelt hatte. Schließlich fanden sie einen Weg nach draußen. Erleichterung überkam sie, als sie in die kühle Nachtluft hinaustraten.

Die Sonne begann unterzugehen, und sie **bedauerten,** dass sie keine Taschenlampe mitgenommen hatten. Sie beschlossen, sich auf den Weg zurück zum Eingang zu machen, aber sie hatten sich bald verlaufen. Sie irrten gefühlte Stunden umher, bis sie schließlich auf eine Tür stießen, die **nach draußen** führte. Erleichterung machte sich in ihnen breit, als sie in die kühle Nachtluft hinaustraten. Am nächsten Abend nahmen sie auf jeden Fall eine Taschenlampe mit, um den Rest des Schlosses zu erkunden. Sie gingen durch den **Innenhof** und hinunter zum Fluss, der hinter den Schlossmauern verlief. Als sie umhergingen, hörten sie seltsame Geräusche. Es hörte sich an, als würde sie jemand verfolgen. Sie beschleunigten ihren Schritt, aber die Geräusche wurden lauter und kamen näher. Die Familie rannte so schnell sie konnte zum Schloss zurück und war erleichtert, dass die Gestalt in dem **dunklen** Mantel ihnen nicht gefolgt war.

Pytania dotyczące rozumienia tekstu

1. Co zrobiła rodzina, gdy zgubiła się w zamku?

2. Jak czuła się rodzina, gdy dowiedziała się, że to tylko miejscowy człowiek?

3. Co takiego zrobił mężczyzna, że został aresztowany?

4. Jaki był wyrok dla tego człowieka?

5. Jaki hałas usłyszała rodzina podczas spaceru?

6. Gdzie znajdowała się postać w ciemnym płaszczu, gdy zobaczyła ją rodzina?

7. Co robiła rodzina po powrocie do swojego pokoju?

8. Kiedy rodzina ponownie wybrała się na zwiedzanie zamku?

Fragen zum Verständnis

1. Was hat die Familie getan, als sie sich im Schloss verlaufen hat?

2. Wie hat sich die Familie gefühlt, als sie erfuhr, dass es sich nur um einen Einheimischen handelte?

3. Was hat der Mann getan, dass man ihn verhaftet hat?

4. Wie lautete das Urteil für den Mann?

5. Welches Geräusch hat die Familie gehört, während sie spazieren ging?

6. Wo war die Gestalt in dem dunklen Mantel, als die Familie sie sah?

7. Was hat die Familie getan, als sie in ihr Zimmer zurückkam?

8. Wann hat die Familie das Schloss wieder erkundet?

Mój ogród

Mój ogród to moje szczęśliwe miejsce. Wychodzę tam każdego dnia, czy pada, czy nie, i spędzam czas, pielęgnując moje rośliny. Mam tam **wszystko** po trochu - **warzywa**, owoce, kwiaty, zioła. Mam nawet kilka kur, które pomagają mi utrzymać szkodniki z daleka. Dzień w ogrodzie zaczynam od zbierania jaj od kur. Następnie sprawdzam, czy moje warzywa mają wystarczająco dużo wody i słońca. Odchwaszczam grządki i usuwam wszelkie insekty, które mogą **zaatakować** rośliny. Kiedy już **wszystko** jest dopilnowane, siadam wygodnie i cieszę się ciszą i spokojem natury.

Zawsze uwielbiałam spędzać czas w moim ogrodzie. Jest coś takiego w byciu otoczonym przez naturę i całe **piękno,** które ma do zaoferowania. Uważam, że jest to bardzo spokojne i uspokajające miejsce. Często spędzam czas w ogrodzie, relaksując się i podziwiając widoki. Lubię też pracować w ogrodzie i uprawiać rośliny. Mam całkiem spory ogród i lubię w nim uprawiać różne rzeczy. Uprawiam kwiaty, **warzywa** i zioła. Mam też kilka drzew owocowych, które rodzą pyszne jabłka, gruszki i śliwki. Oprócz uprawiania rzeczy lubię też spędzać czas na spacerach po ogrodzie, **podziwiając** różne rośliny i zwierzęta, które są jego domem. Przez lata spędziłam wiele godzin, pracując nad tym, aby

Mein Garten

Mein Garten ist mein Lieblingsplatz. Ich gehe jeden Tag hinaus, egal ob es regnet oder scheint, und verbringe Zeit damit, meine Pflanzen zu pflegen. Ich habe von **allem ein** bisschen - **Gemüse**, Obst, Blumen, Kräuter. Ich habe sogar ein paar Hühner, die mir helfen, die Schädlinge in Schach zu halten. Ich beginne meine Tage im Garten, indem ich den Hühnern Eier abhole. Dann schaue ich nach meinem Gemüse und stelle sicher, dass es genug Wasser und Sonne bekommt. Ich jäte Unkraut auf den Beeten und entferne Ungeziefer, das die Pflanzen **angreifen** könnte. Wenn **alles erledigt** ist, lehne ich mich zurück und genieße den Frieden und die Ruhe der Natur.

Ich habe schon immer gerne Zeit in meinem Garten verbracht. Es hat etwas, von der Natur und all der **Schönheit**, die sie zu bieten hat, umgeben zu sein. Ich empfinde ihn als einen sehr friedlichen und beruhigenden Ort. Ich verbringe oft Zeit in meinem Garten, um mich zu entspannen und die Landschaft zu genießen. Ich arbeite auch gerne in meinem Garten und baue Dinge an. Ich habe einen ziemlich großen Garten, in dem ich gerne **verschiedene** Dinge anbaue. Ich baue Blumen, **Gemüse** und Kräuter an. Ich habe auch ein paar Obstbäume, die leckere Äpfel, Birnen

mój **ogród stał** się miejscem nie tylko pięknym, ale i funkcjonalnym. Uwielbiam obserwować ptaki latające wokół i słuchać ich śpiewu. Czasami nawet przynoszę książkę i czytam w ogrodzie, otoczona pięknem, które stworzyłam. **Ogrodnictwo** jest moją pasją i przynosi mi tyle radości. Każdy dzień w moim ogrodzie to dobry dzień.

Jedną z rzeczy, które uwielbiam robić, jest gotowanie, dlatego posiadanie dobrze zaopatrzonego ogrodu ziołowego jest dla mnie bardzo **ważne.** Tymianek, bazylia, oregano, rozmaryn, szałwia i lawenda to tylko niektóre z ziół, które lubię uprawiać w moim ogrodzie, aby móc ich używać podczas przygotowywania posiłków dla siebie lub dla **gości**. Kolejną rzeczą, która jest dla mnie ważna, jeśli chodzi o mój ogród, jest zapewnienie, że jest w nim dużo kolorów. Aby osiągnąć ten cel, uprawiam wiele różnych kwiatów, takich jak **róże**, lilie, stokrotki, tulipany, niecierpki, nagietki itp. Poza dodawaniem kolorów za pomocą kwiatów lubię także urozmaicać ogród, stosując w nim różne **faktury**.

und Pflaumen hervorbringen. Ich baue nicht nur Dinge an, sondern verbringe auch gerne Zeit damit, durch meinen Garten zu spazieren und all die verschiedenen Pflanzen und Tiere zu **bewundern**, die dort zu Hause sind. Im Laufe der Jahre habe ich viele Stunden damit verbracht, meinen **Garten** zu einem Ort zu machen, der nicht nur schön, sondern auch funktional ist. Ich liebe es, den Vögeln beim Herumfliegen zuzusehen und ihnen beim Singen zuzuhören. Manchmal nehme ich sogar ein Buch mit und lese im Garten, während ich von all der Schönheit umgeben bin, die ich geschaffen habe. **Gartenarbeit** ist meine Leidenschaft und bringt mir so viel Freude. Jeder Tag in meinem Garten ist ein guter Tag.

Eine meiner Lieblingsbeschäftigungen ist das Kochen, daher ist ein gut bestückter Kräutergarten für mich sehr **wichtig**. Thymian, Basilikum, Oregano, Rosmarin, Salbei und Lavendel sind nur einige der Kräuter, die ich gerne in meinem Garten anbaue, damit ich sie beim Kochen für mich oder für **Gäste** verwenden kann. Ein weiterer wichtiger Punkt in meinem Garten ist, dass er viel Farbe hat. Um dieses Ziel zu erreichen, baue ich eine Vielzahl von Blumen an, darunter **Rosen**, Lilien, Gänseblümchen, Tulpen, Impatiens, Ringelblumen, usw. Zusätzlich zu den Blumen, die für Farbe sorgen, verwende ich auch gerne verschiedene **Texturen** im Garten, um ihn interessanter zu gestalten.

Pytania dotyczące rozumienia tekstu

1. Gdzie znajduje się ogród autora?

2. Ile kurczaków ma autor?

3. Co autor robi w ogrodzie każdego dnia?

4. Dlaczego autorowi podoba się ogród?

5. Jakie zioła autor sadzi w ogrodzie?

6. Dlaczego dla autora ważne jest to, że w jego ogrodzie jest wiele kolorów?

7. W jaki sposób autor urozmaica swój ogród?

8. Co czuje autor, kiedy pracuje w swoim ogrodzie?

Fragen zum Verständnis

1. Wo befindet sich der Garten des Autors?

2. Wie viele Hühner hat der Autor?

3. Was macht der Autor jeden Tag im Garten?

4. Warum gefällt dem Autor der Garten?

5. Welche Kräuter pflanzt der Autor in seinem Garten an?

6. Warum ist es für den Autor wichtig, dass es in seinem Garten viele Farben gibt?

7. Wie bringt der Autor Abwechslung in seinen Garten?

8. Wie fühlt sich der Autor, wenn er in seinem Garten arbeitet?

Idę na zakupy

Uwielbiam chodzić na **zakupy do** centrum handlowego. Chodzenie po nim i oglądanie różnych sklepów zawsze sprawia mi wiele radości. W centrum handlowym każdy znajdzie coś dla siebie i zawsze jest to świetne miejsce, aby znaleźć okazje na ubrania, buty i akcesoria. **Zwykle** zaczynam swoją wyprawę na zakupy od przejścia przez główne **wejście do centrum handlowego**. Stamtąd kieruję się najpierw do moich ulubionych sklepów. Po przejrzeniu tych sklepów, chodzę dookoła i sprawdzam, czy w innych miejscach nie trwają jakieś wyprzedaże. Zwykle spędzam w centrum handlowym kilka godzin, zanim w końcu dokonam zakupów. Zawsze lubię nie spieszyć się z zakupami, **ponieważ** chcę mieć pewność, że dostaję **dokładnie to,** czego chcę. Poza tym w ten sposób jest po prostu przyjemniej!

Zawsze **fascynuje** mnie obserwowanie ludzi w centrum handlowym. Po sposobie robienia zakupów można naprawdę wiele powiedzieć o danej osobie. Niektórzy ludzie są bardzo metodyczni i nie spieszą się, podczas gdy inni po prostu chwytają **wszystko, co się da,** i jak najszybciej kierują się do kasy. Są też tacy kupujący, którzy wydają się bardziej zainteresowani rozmową przez telefon komórkowy lub pisaniem SMS-ów niż oglądaniem towarów! Jednak bez względu na to, jakim

Einkaufen gehen

Ich gehe gerne im Einkaufszentrum einkaufen. Es macht immer so viel Spaß, herumzulaufen und sich all die verschiedenen Geschäfte anzuschauen. Im Einkaufszentrum ist für jeden etwas dabei, und es ist immer ein guter Ort, um Angebote für Kleidung, Schuhe und Accessoires zu finden. **Normalerweise** beginne ich meinen Einkaufsbummel, indem ich durch den **Haupteingang** des Einkaufszentrums gehe. Von dort aus gehe ich zuerst zu meinen Lieblingsgeschäften. Nachdem ich in diesen Geschäften gestöbert habe, laufe ich herum und schaue, ob es in anderen Geschäften Sonderangebote gibt. Normalerweise verbringe ich ein paar Stunden im Einkaufszentrum, bevor ich meine Einkäufe erledige. Ich nehme mir beim Einkaufen immer gerne Zeit, **weil** ich sichergehen will, dass ich **genau** das bekomme, was ich will. Außerdem macht es auf diese Weise einfach mehr Spaß!

Ich finde es immer **faszinierend**, die Leute zu beobachten, wenn ich im Einkaufszentrum bin. An der Art und Weise, wie sie einkaufen, kann man wirklich viel über eine Person erkennen. Manche Leute gehen sehr methodisch vor und lassen sich Zeit, während andere einfach **alles zu** nehmen scheinen, **was sie kriegen** können, und so schnell wie möglich zur

typem kupującego jesteś, każdy z nas lubi "window shopping" - nawet jeśli niczego nie kupuje. Po prostu jest coś takiego w patrzeniu na te wszystkie piękne rzeczy w **witrynach** sklepowych, co sprawia, że jestem szczęśliwa. Czasami marzę o tym, jak by to było, gdyby było mnie stać na **wszystko, co** widzę! Podsumowując, dzień spędzony na zakupach w centrum handlowym to jedna z moich ulubionych rozrywek. To świetny sposób na zrelaksowanie się i odprężenie, a przy okazji na odrobinę ruchu (jeśli się wystarczająco dużo chodzi). Poza tym, **zawsze** miło jest od czasu do czasu sprawić sobie nową koszulę lub parę butów!

Miałam **długi** dzień w pracy i wreszcie znalazłam trochę czasu dla siebie, więc postanowiłam wybrać się na zakupy do centrum handlowego. Potrzebowałam kilku nowych ubrań na **nadchodzący** sezon. Gdy tylko weszłam do środka, zobaczyłam wszystkie jasne światła i błyszczące witryny sklepów. Najpierw udałam się do mojego ulubionego sklepu i zaczęłam przeglądać półki. Znalazłam kilka ładnych bluzek i przymierzyłam je w przymierzalni. Gdy przyglądałam się sobie w lustrze, usłyszałam, że ktoś wchodzi do **przymierzalni** obok mojej. Rozpoznałam, że to jedna z moich koleżanek z pracy. Przywitałyśmy się i zaczęłyśmy rozmawiać o pracy.

Kasse gehen. Es gibt auch Leute, die mehr daran interessiert sind, mit ihrem Handy zu telefonieren oder SMS zu schreiben, als sich die Waren anzusehen! Aber egal, welche Art von Käufer man ist, jeder scheint den Schaufensterbummel zu genießen - auch wenn man nichts kauft. Der Anblick all der schönen Dinge in den **Schaufenstern** macht mich einfach glücklich. Manchmal stelle ich mir vor, wie es wäre, wenn ich mir **alles, was** ich sehe, leisten könnte! Alles in allem ist ein Einkaufstag im Einkaufszentrum eine meiner Lieblingsbeschäftigungen. Es ist eine tolle Möglichkeit, sich zu entspannen und zu relaxen und sich dabei auch noch ein bisschen zu bewegen (wenn man genug läuft). Außerdem ist es **immer** schön, sich hin und wieder ein neues Hemd oder ein Paar Schuhe zu gönnen!

Ich hatte einen **langen** Arbeitstag und endlich etwas Zeit für mich, also beschloss ich, im Einkaufszentrum einkaufen zu gehen. Ich brauchte ein paar neue Kleider für die **kommende** Saison. Sobald ich das Einkaufszentrum betrat, sah ich all die hellen Lichter und die glänzenden Schaufensterfronten. Ich ging zuerst in mein Lieblingsgeschäft und stöberte durch die Regale. Ich fand ein paar schöne Oberteile und probierte sie in der Umkleidekabine an. Als ich mich im Spiegel betrachtete, hörte ich, wie jemand in die Umkleidekabine neben mir kam. Ich erkannte die Stimme als eine meiner Kolleginnen. Wir begrüßten uns und begannen über die Arbeit zu plaudern.

Pytania dotyczące rozumienia tekstu

1. Gdzie najchętniej przechowujesz towary?

2. Jaki jest Twój ulubiony sklep w centrum handlowym?

3. Jak długo zazwyczaj przebywasz w centrum handlowym?

4. Co sądzisz o ludziach, którzy spędzają dużo czasu w centrum handlowym? 5. Jaka jest Twoja ulubiona rzecz do robienia w centrum handlowym?

6. Czy zdarzyło Ci się kupić coś w centrum handlowym, czego tak naprawdę nie potrzebowałeś?

7. Jak reagujesz, gdy widzisz w centrum handlowym coś, co bardzo by Ci się podobało, ale jest za drogie?

8. Czy kiedykolwiek widziałeś coś w centrum handlowym i zastanawiałeś się, kto mógłby to kupić?

Fragen zum Verständnis

1. Wo lagern Sie am liebsten?

2. Welches ist Ihr Lieblingsgeschäft im Einkaufszentrum?

3. Wie lange bleiben Sie normalerweise im Einkaufszentrum?

4. Was denken Sie über Menschen, die viel Zeit im Einkaufszentrum verbringen? 5. Was machst du am liebsten in einem Einkaufszentrum?

6. Haben Sie schon einmal etwas im Einkaufszentrum gekauft, obwohl Sie es nicht wirklich brauchten?

7. Wie reagieren Sie, wenn Sie im Einkaufszentrum etwas sehen, das Ihnen wirklich gefallen würde, aber zu teuer ist?

8. Haben Sie schon einmal etwas im Einkaufszentrum gesehen und sich gefragt, wer es wohl kaufen würde?

Na rynku

W sobotę budzę się wcześnie rano, chcąc zdążyć na **targ,** zanim zrobi się zbyt tłoczno. Zakładam kilka ubrań i wychodzę z domu, zabierając po drodze torby wielokrotnego użytku. Idąc, zaczynam planować, co chcę przygotować w nadchodzącym tygodniu. Wiem, że chcę przynajmniej raz upiec warzywa, więc będę musiała kupić dobrej jakości warzywa. Chcę też zrobić zupę lub gulasz, więc będę musiał kupić trochę mięsa. Będę musiał zobaczyć, co wygląda dobrze, gdy tam dotrę. Rynek znajduje się zaledwie kilka przecznic dalej, a ja już widzę rozstawione stragany i kłębiących się **ludzi**.

Przyjeżdżam na targ i od razu kieruję się do stoiska z warzywami. Wybór jest piękny, a ja wypełniam torby różnymi **świeżymi** produktami. Rozmawiam trochę z rolnikiem, który poleca mi kilka przepisów. Nie mogę się doczekać, aby je wypróbować. Podczas zakupów rozmawiam z **rolnikami, poznając** ich i ich produkty. Gdy mam już wszystkie potrzebne warzywa, przechodzę do działu mięsnego. Tutaj waham się trochę bardziej, ponieważ nie jestem pewna, co chcę kupić. Ostatecznie decyduję się na kurczaka, ponieważ jest uniwersalny i można go wykorzystać w wielu potrawach. Kupuję też kilka różnych kawałków mięsa,

Auf dem Markt

Am Samstagmorgen wache ich früh auf und will unbedingt auf den **Markt**, bevor es zu voll wird. Ich ziehe mir etwas an und gehe zur Tür hinaus, wobei ich unterwegs meine wiederverwendbaren Taschen mitnehme. Auf dem Weg dorthin überlege ich, was ich in der kommenden Woche zubereiten möchte. Ich weiß, dass ich mindestens einmal Gemüse **braten** will, also muss ich gutes Gemüse kaufen. Außerdem möchte ich eine Suppe oder einen Eintopf kochen, also muss ich auch etwas Fleisch kaufen. Ich muss sehen, was gut aussieht, wenn ich dort bin. Der Markt ist nur ein paar Häuserblocks entfernt, und ich sehe schon die aufgebauten Stände und die **Menschen, die** sich dort tummeln.

Ich komme auf dem Markt an und steuere direkt auf den Gemüsestand zu. Die Auswahl ist großartig, und ich fülle meine Taschen mit einer Vielzahl von **frischen** Produkten. Ich unterhalte mich ein wenig mit dem Landwirt, und er empfiehlt mir einige Rezepte. Ich bin gespannt darauf, sie auszuprobieren. Beim Einkaufen plaudere ich mit den **Landwirten** und lerne sie und ihre Produkte kennen. Nachdem ich alles Gemüse eingekauft habe, was ich brauche, gehe ich zur Fleischabteilung. Hier bin ich etwas zögerlicher, da ich

zwracając uwagę na to, by kupić wołowinę karmioną trawą i **kurczaka z** wolnego wybiegu. Rzeźnik był przyjaznym człowiekiem, zawsze wesołym mimo długich godzin pracy. Zapakował moje piersi z kurczaka i stek, a potem rozmawiał ze mną o swoich planach na weekend. Pożegnałem się z nim i ruszyłem w dalszą drogę. W dziale z nabiałem kupiłem też jajka i ser.

Na targu było **pełno** ludzi, którzy z niecierpliwością czekali na świeże produkty i mięso. W powietrzu unosił się zapach czosnku i cebuli, słychać było śmiech i rozmowy. Przedzierałem się przez tłum, wybierając inne artykuły potrzebne do zrobienia cotygodniowych zakupów. Wypełniłam **koszyk** owocami i warzywami, makaronem i chlebem, po czym skierowałam się do kasy. Kolejka była długa, ale szybko się posuwała. W końcu kupiłem ostatnie **produkty spożywcze** i nadszedł czas, aby wrócić do domu. Samochód został załadowany, a droga do domu była długa i uciążliwa. Ruch był duży, a upał uciążliwy.

mir nicht sicher bin, was ich kaufen möchte. Schließlich entscheide ich mich für Hühnerfleisch, weil es vielseitig ist und für eine Vielzahl von Gerichten verwendet werden kann. Ich kaufe auch ein paar verschiedene Fleischsorten, wobei ich darauf achte, dass ich Rindfleisch aus Weidehaltung und **Hühnerfleisch** aus Freilandhaltung kaufe. Der Metzger war ein freundlicher Mann, der trotz seiner langen Arbeitszeiten immer gut gelaunt war. Er wickelte meine Hühnerbrust und mein Steak ein und plauderte mit mir über seine Pläne fürs Wochenende. Ich verabschiedete mich von ihm und setzte meinen Weg fort. Ich kaufte auch noch ein paar Eier und Käse aus der Molkereiabteilung.

Auf dem Markt herrschte reges Treiben, und alle wollten die frischen Produkte und das Fleisch, die angeboten wurden, kaufen. Die Luft war dick mit dem Geruch von Knoblauch und Zwiebeln, und das Lachen und die Gespräche erfüllten die Luft. Ich bahnte mir einen Weg durch die Menge und suchte mir die anderen Artikel für meinen Wocheneinkauf aus. Ich füllte meinen **Korb** mit Obst und Gemüse, Nudeln und Brot, bevor ich mich auf den Weg zur Kasse machte. Die Schlange war lang, aber sie bewegte sich schnell. Schließlich waren die letzten **Lebensmittel** eingekauft, und es war Zeit, nach Hause zu fahren. Das Auto wurde beladen, und die Fahrt nach Hause war lang und mühsam. Der Verkehr war dicht, und die Hitze war drückend.

Pytania dotyczące rozumienia tekstu

1. Dokąd zmierza osoba?

2. Co dana osoba chce kupić?

3. Ile toreb ma ta osoba?

4. Jak daleko znajduje się rynek?

5. Co ta osoba robi w tej chwili?

6. Co to jest wszystko na rynku?

7. Ile osób znajduje się na rynku?

8. Ile czasu zajęło tej osobie kupienie wszystkiego?

9. W jaki sposób dana osoba wróciła do domu?

Fragen zum Verständnis

1. Wohin geht die Person?

2. Was möchte die Person kaufen?

3. Wie viele Taschen hat die Person?

4. Wie weit ist der Markt entfernt?

5. Was macht die Person im Moment?

6. Was ist alles auf dem Markt?

7. Wie viele Personen befinden sich auf dem Markt?

8. Wie lange hat die Person gebraucht, um alles zu kaufen?

9. Wie ist die Person nach Hause gegangen?

W kawiarni

Był chłodny **jesienny** poranek, a ja umówiłam się z moją przyjaciółką Lily w naszej ulubionej kawiarni na kawę. Owinęłam się ciepło płaszczem i szalikiem i ruszyłam w drogę. Liście spadały z drzew, a w powietrzu czuć było lekki powiew wiatru, ale świeciło słońce i zapowiadał się piękny dzień. Idąc, **myślałam** o tym, jak dobrze jest mieć taką przyjaciółkę jak Lily. Przyjaźniłyśmy się od lat, odkąd poznałyśmy się na **studiach**. Połączyło nas zamiłowanie do kawy i spędzania czasu na pogawędkach w kawiarniach. Mimo że mieszkałyśmy teraz w różnych częściach miasta, nadal udawało nam się spotykać na kawie raz w tygodniu. Przyjechałem do kawiarni, a Lily już tam na mnie czekała. Uściskałyśmy się na powitanie, a potem zamówiłyśmy kawę. Znalazłyśmy stolik przy oknie i usiadłyśmy, żeby porozmawiać. **Kawa** była pyszna, jak zawsze, i miło było spotkać się z Lily. Rozmawiałyśmy o naszym tygodniu, pracy i planach na przyszłość. Rozmowa z Lily zawsze była tak łatwa i czułam, że mogę jej powiedzieć wszystko. Po jakimś czasie zaczęłyśmy odczuwać głód i **postanowiłyśmy** zamówić coś do jedzenia.

Zamówiliśmy jedzenie i zajęliśmy miejsca przy oknie. Przez okno wpadało słońce, które sprawiało, że wszystko było ciepłe i radosne. Rozmawialiśmy przy

Im Kaffeehaus

Es war ein kühler Herbstmorgen, und ich hatte mich mit meiner Freundin Lily in unserem Lieblingscafé auf einen Kaffee verabredet. Ich wickelte mich warm in meinen Mantel und meinen Schal ein und machte mich auf den Weg. Die Blätter fielen von den Bäumen, und die Luft war etwas stickig, aber die Sonne schien, und es versprach ein schöner Tag zu werden. Während ich lief, **dachte ich** darüber nach, wie gut es war, eine Freundin wie Lily zu haben. Wir waren seit Jahren befreundet, seit wir uns an der **Universität** kennen gelernt hatten. Uns verband die Liebe zum Kaffee und zum Plaudern in Cafés. Obwohl wir inzwischen in verschiedenen Stadtteilen wohnten, trafen wir uns immer noch einmal in der Woche auf einen Kaffee. Als ich im Café ankam, war Lily schon da und wartete auf mich. Wir umarmten uns zur Begrüßung und bestellten unsere Kaffees. Wir suchten uns einen Tisch am Fenster und setzten uns, um zu plaudern. Der **Kaffee** war wie immer köstlich, und es war so schön, sich mit Lily zu unterhalten. Wir sprachen über unsere Woche, unsere Jobs und unsere Pläne für die Zukunft. Es war immer so einfach, mit Lily zu reden, und ich hatte das Gefühl, dass ich ihr alles sagen konnte. Nach einer Weile wurden wir hungrig und **beschlossen,** etwas zu essen zu bestellen.

Wir **bestellten** unser Essen und suchten uns einen

jedzeniu, ciesząc się prostą przyjemnością przebywania w swoim **towarzystwie**. W kawiarni było dużo ludzi, ale nie odczuwało się tłoku. W powietrzu unosiła się atmosfera spokoju i zadowolenia. Kiedy skończyliśmy jeść, siedzieliśmy jeszcze przez chwilę, ciesząc się spokojną **atmosferą**. Przez chwilę rozmawialiśmy o różnych sprawach, które wydarzyły się w naszym życiu. Miło było spotkać się z moją przyjaciółką i po prostu **odpocząć**. Słońce świeciło przez okno i wydawało się, że **nic nie jest w** stanie zepsuć naszego idealnego dnia.

Nagle usłyszałem głośny trzask. Odwróciłem się i zobaczyłem, że jakiś mężczyzna wypadł przez sufit i leżał przed nami na podłodze. Był **pokryty** pyłem i gruzem i wydawał się być nieprzytomny. Ja i moja przyjaciółka byłyśmy w szoku, wpatrując się w leżącego na podłodze mężczyznę. Nie wiedziałyśmy, co robić ani kogo wezwać na pomoc. Po prostu siedziałyśmy i patrzyłyśmy na niego, nie wiedząc, co robić. Po kilku minutach otrząsnęłam się z tego i zadzwoniłam pod numer 911. Operator powiedział mi, że ktoś wkrótce przyjedzie. Odłożyłem słuchawkę i powiedziałem mojemu przyjacielowi, co powiedział **operator.**

Platz am Fenster. Die Sonne schien durch das Fenster herein und verlieh allem eine warme und fröhliche Atmosphäre. Wir unterhielten uns, während wir aßen, und genossen das einfache Vergnügen, in der **Gesellschaft** des anderen zu sein. Das Café war gut besucht, aber es fühlte sich nicht überfüllt an. Es lag ein Gefühl von Frieden und Zufriedenheit in der Luft. Als wir mit dem Essen fertig waren, saßen wir noch eine Weile und genossen die friedliche **Atmosphäre**. Wir unterhielten uns noch eine Weile über verschiedene Dinge, die in unserem Leben passiert waren. Es war so schön, sich mit meiner Freundin auszutauschen und einfach **zu entspannen**. Die Sonne schien durch das Fenster, und wir hatten das Gefühl, dass **nichts** unseren perfekten Tag stören konnte.

Plötzlich hörte ich ein lautes Krachen. Ich drehte mich um und sah, dass ein Mann durch die Decke gefallen war und vor uns auf dem Boden lag. Er war mit Staub und Trümmern **bedeckt** und schien bewusstlos zu sein. Mein Freund und ich standen beide unter Schock und starrten auf den Mann, der auf dem Boden lag. Wir wussten nicht, was wir tun oder wen wir um Hilfe bitten sollten. Wir saßen einfach da und starrten ihn an, ohne zu wissen, was wir tun sollten. Nach ein paar Minuten riss ich mich zusammen und rief 911 an. Die Telefonistin sagte mir, dass bald jemand da sein würde. Ich legte den Hörer auf und erzählte meinem Freund, was die **Telefonistin** gesagt hatte.

Pytania dotyczące rozumienia tekstu

1. Skąd pochodzi człowiek, który wpada przez dach?

2. Dlaczego kobieta jest ze swoją przyjaciółką w kawiarni?

3. Jaka jest ulubiona kawiarnia tych dwóch przyjaciół?

4. Jak długo przyjaciele znają się nawzajem?

5. Jaki jest ulubiony napój tych dwóch przyjaciół?

6. W jakim mieście mieszkają ci dwaj przyjaciele?

7. Jak często spotykają się ci dwaj przyjaciele?

8. O czym rozmawiają dwie przyjaciółki, gdy po raz pierwszy spotykają się w swojej ulubionej kawiarni?

9. Jakie jest ulubione jedzenie tych dwóch przyjaciół?

Fragen zum Verständnis

1. Woher kommt der Mann, der durch das Dach fällt?

2. Warum ist die Frau mit ihrer Freundin im Café?

3. Welches ist das Lieblingscafé der beiden Freunde?

4. Wie lange kennen sich die beiden Freunde schon?

5. Was ist das Lieblingsgetränk der beiden Freunde?

6. In welcher Stadt leben die beiden Freunde?

7. Wie oft treffen sich die beiden Freunde?

8. Worüber sprechen die beiden Freunde, als sie sich zum ersten Mal in ihrem Lieblingscafé treffen?

9. Was ist das Lieblingsessen der beiden Freunde?

Idę popływać

Basen zawsze był **orzeźwiającym** miejscem, a dzisiaj było nie inaczej. Słońce świeciło, a woda wyglądała zachęcająco. Wziąłem głęboki oddech i zanurzyłem się w wodzie, czując jej chłodny uścisk. Przez jakiś czas pływałem, ciesząc się z wysiłku i możliwości oczyszczenia głowy. Po jakimś czasie wyszedłem z wody, osuszyłem się i usiadłem na ręczniku, aby odpocząć w słońcu. Zamknąłem oczy i pozwoliłem, by ogarnęło mnie **ciepło,** czując, jak moje mięśnie zaczynają się rozluźniać. Nagle usłyszałem plusk i otworzyłem oczy, aby zobaczyć moją młodszą siostrę, która **wiosłowała** w płytkiej części wody. Uśmiechnąłem się i przyglądałem jej się przez chwilę, po czym wstałem i podszedłem do niej. Chwilę rozmawialiśmy i razem pływaliśmy, ciesząc się swoim towarzystwem. Wkrótce dołączyli do nas rodzice i resztę popołudnia spędziliśmy na pływaniu i wspólnych grach. Zawsze miło było spędzać czas z rodziną na basenie. Jest **coś takiego** w przebywaniu w wodzie, co wydaje się zbliżać ludzi do siebie. Może to dlatego, że kiedy jesteśmy w wodzie, wszyscy jesteśmy równi - nie możemy ukrywać swoich wad ani udawać, że jesteśmy kimś, kim nie jesteśmy. A może po prostu dlatego, że to świetna zabawa! **Niezależnie od** przyczyny, cieszyłem się, że mogliśmy się spotkać i cieszyć się swoim towarzystwem w tak

Schwimmen gehen

Der Pool war immer ein **erfrischender** Ort, und heute war es nicht anders. Die Sonne schien und das Wasser sah einladend aus. Ich holte tief Luft, tauchte ein und spürte die kühle Umarmung des Wassers. Ich schwamm eine Weile meine Runden, genoss die Bewegung und die Möglichkeit, den Kopf frei zu bekommen. Nach einer Weile stieg ich aus dem Wasser und trocknete mich ab, dann setzte ich mich auf ein Handtuch, um mich in der Sonne zu entspannen. Ich schloss die Augen und ließ die **Wärme** über mich ergehen, während sich meine Muskeln zu entspannen begannen. Plötzlich hörte ich ein Plätschern und öffnete die Augen, um meine kleine Schwester zu sehen, **die** im flachen Wasser herumplanschte. Ich lächelte und sah ihr eine Weile zu, dann stand ich auf und ging zu ihr hinüber. Wir unterhielten uns eine Weile, paddelten zusammen und genossen die Gesellschaft des anderen. Bald gesellten sich unsere Eltern zu uns, und wir verbrachten den Rest des Nachmittags mit Schwimmen und gemeinsamen Spielen. Es war immer schön, Zeit mit der Familie im Schwimmbad zu verbringen. **Der** Aufenthalt im Wasser scheint die Menschen zusammenzubringen. Vielleicht liegt es daran, dass wir alle gleich sind, wenn wir im Wasser sind - wir können unsere Schwächen nicht verstecken

szczególnym miejscu.

Słońce biło w moją skórę, a w powietrzu unosił się zapach chloru. Słyszałem odgłosy śmiechu dzieci, które pluskały się w basenie. Leżałem na **leżaku** obok basenu, wygrzewając się na słońcu i **ciesząc się** dniem. Miałam zamknięte oczy i już miałam zasnąć, gdy usłyszałam, że ktoś do mnie podchodzi. Otworzyłem oczy i zobaczyłem stojącą obok mnie kobietę. Była ubrana w bikini i miała ręcznik owinięty wokół talii. Miała długie blond włosy i niebieskie oczy. W ręku trzymała buteleczkę z **filtrem przeciwsłonecznym.** "Nie masz nic przeciwko temu, żebym posmarowała Ci plecy kremem z filtrem? "Nie, w porządku" - odpowiedziałem, siadając tak, by mogła dosięgnąć moich pleców. Czułem jej dłonie na skórze, gdy nakładała mi krem z filtrem.

oder vorgeben, etwas zu sein, was wir nicht sind. Oder vielleicht liegt es einfach daran, dass es Spaß macht! **Was auch immer** der Grund ist, ich war einfach froh, dass wir alle zusammenkommen und die Gesellschaft des anderen an einem so besonderen Ort genießen konnten.

Die Sonne brannte auf meine Haut und der Geruch von Chlor lag in der Luft. Ich hörte das Lachen der Kinder, die im Pool planschten. Ich lag auf einem Liegestuhl neben dem Pool, genoss die Sonne und **den** Tag. Ich hatte meine Augen geschlossen und wollte gerade einschlafen, als ich hörte, wie jemand auf mich zukam. Ich öffnete meine Augen und sah eine Frau neben mir stehen. Sie trug einen Bikini und hatte sich ein Handtuch um die Taille geschlungen. Sie hatte langes blondes Haar und blaue Augen. In der Hand hielt sie ein Fläschchen mit **Sonnenschutzmittel**. "Stört es Sie, wenn ich Ihnen den Rücken eincreme?", fragte sie. "Nein, das ist in Ordnung", sagte ich und setzte mich auf, damit sie meinen Rücken erreichen konnte. Ich spürte ihre Hände auf meiner Haut, als sie das Sonnenschutzmittel auftrug.

Pytania dotyczące rozumienia tekstu

1. Gdzie był narrator, gdy rozpoczynał opowiadanie?

2. Co czuje narrator, gdy otwiera oczy?

3. Co słyszy narrator, gdy otwiera oczy?

4. Czyj krem do opalania daje narratorowi kobieta?

5. O czym śni narrator?

6. Dlaczego pływanie w morzu jest dla narratora tak wyjątkowe?

7.Jakie wrażenie robi woda, w której pływa narrator?

8. Co widzi narrator po wyjściu z wody?

Fragen zum Verständnis

1. Wo war der Erzähler, als er die Geschichte begann?

2. Was riecht der Erzähler, wenn er seine Augen öffnet?

3. Was hört der Erzähler, als er seine Augen öffnet?

4. Wem gehört die Sonnencreme, die die Frau dem Erzähler gibt?

5. Wovon träumt der Erzähler?

6. Warum ist das Schwimmen im Meer für den Erzähler so besonders?

7. wie fühlt sich das Wasser an, in dem der Erzähler schwimmt?

8. Was sieht der Erzähler, als er aus dem Wasser kommt?

Koszenie trawnika

Jest 10 rano w letnią **sobotę**, a słońce już niemiłosiernie bije. Wychodzisz do garażu po kosiarkę, czując się tak, jakbyś został **skazany** na ciężką pracę. Zaczynasz kosić trawnik, starając się robić to powoli, aby nie przeoczyć żadnego miejsca. W trakcie koszenia myślisz o tym, jakie to przyjemne uczucie być na świeżym powietrzu. Gdy zaczynasz pchać kosiarkę tam i z powrotem po trawniku, kątem **oka dostrzegasz** sąsiada. Machasz do niego i witasz się, a on odwzajemnia uśmiech.

Po kilku minutach kończysz i idziesz do domu sąsiada, aby napić się z nim piwa w ogrodzie. Dzień jest **idealny** - nie jest zbyt gorąco, wieje delikatny wiatr. Siedzisz w cieniu drzewa, popijasz piwo i rozmawiasz z sąsiadem. Właśnie takie dni sprawiają, że doceniasz lato. Następnie **udajesz się do** domu na zasłużone piwo. Rozsiadasz się wygodnie na krześle na werandzie i otwierasz puszkę, wydając z siebie zadowolone westchnienie. Dźwięk kosiarki zanika w tle, a Ty odpoczywasz w cieniu, rozkoszując się **spokojem** chwili. Piwo smakuje wyjątkowo dobrze po tej ciężkiej pracy w upale. Już miałem wejść do domu, gdy usłyszałem hałas obok.

Den Rasen mähen

Es ist 10 Uhr morgens an einem **Sommersamstag**, und die Sonne brennt bereits erbarmungslos auf die Erde. Sie stapfen in die Garage, um den Rasenmäher zu holen, und haben das Gefühl, dass Sie zu harter Arbeit **verurteilt werden**. Du fängst an, den Rasen zu mähen, wobei du darauf achtest, dass du schön langsam vorgehst, damit du keine Stelle übersiehst. Während du mähst, denkst du daran, wie gut es sich anfühlt, draußen an der frischen Luft zu sein. Als du den Rasenmäher hin und her schiebst, siehst du aus dem **Augenwinkel** deinen Nachbarn. Sie winken und grüßen, und er winkt zurück.

Nach ein paar Minuten sind Sie fertig und gehen zum Haus Ihres Nachbarn, um mit ihm im Vorgarten ein Bier zu trinken. Es ist ein **perfekter** Tag - nicht zu heiß, und es weht eine leichte Brise. Sie sitzen im Schatten des Baumes, nippen an Ihrem Bier und unterhalten sich mit Ihrem Nachbarn. Es sind Tage wie dieser, an denen man den Sommer zu schätzen weiß. Dann **gehen Sie** ins Haus, um ein wohlverdientes Bier zu trinken. Sie lassen sich in einen Stuhl auf der Veranda fallen, öffnen die Dose und lassen einen zufriedenen Seufzer los. Das Geräusch des Rasenmähers tritt in den Hintergrund, während du dich im Schatten

Brzmiało to tak, jakby ktoś płakał. Przestałem kosić i podszedłem do płotu, który oddzielał nasze podwórka. Zobaczyłem moją sąsiadkę, panią Johnson, płaczącą na huśtawce na werandzie. Zawołałem do niej, ale mnie nie usłyszała. Wspiąłem się na płot i podszedłem do niej. "Pani Johnson, wszystko w porządku?" zapytałem. Spojrzała na mnie ze łzami w oczach i potrząsnęła głową. "Nie, nic mi nie jest" - powiedziała. "Wczoraj zmarł mój kot". Byłem zszokowany. Nie wiedziałam, co powiedzieć. Stałem tak niezręcznie, nie wiedząc, co zrobić. W końcu położyłam rękę na jej **ramieniu** i powiedziałam: "Bardzo mi przykro, pani Johnson. Jeśli mogę jakoś pomóc, proszę dać mi znać". "Potrząsnęła głową i powiedziała: "Nie, nikt **nic nie** może zrobić". Po czym wstała i weszła do swojego domu. Stałem tam przez chwilę, nie wiedząc, co robić. Potem wróciłem do koszenia trawnika. Kiedy skończyłem, nie mogłem przestać myśleć o pani Johnson i jej kocie.

entspannst und die **Ruhe** des Augenblicks genießt. Das Bier schmeckt besonders gut nach all der harten Arbeit in der Hitze. Ich wollte gerade ins Haus gehen, als ich nebenan ein Geräusch hörte.

Es **hörte sich an**, als ob jemand weinen würde. Ich hörte auf zu mähen und ging zu dem Zaun, der unsere Gärten trennte. Ich spähte hinüber und sah meine Nachbarin, Mrs. Johnson, weinend auf ihrer Verandaschaukel. Ich rief nach ihr, aber sie hörte mich nicht. Ich kletterte über den Zaun und ging zu ihr hinüber. "Mrs. Johnson, geht es Ihnen gut?" fragte ich. Sie schaute mich mit Tränen in den Augen an und schüttelte den Kopf. "Nein, mir geht es nicht gut", sagte sie. "Meine Katze ist gestern gestorben." Ich war schockiert. Ich wußte nicht, was ich sagen sollte. Ich stand nur unbeholfen da und wusste nicht, was ich tun sollte. Schließlich legte ich ihr die Hand auf die **Schulter** und sagte: "Es tut mir so leid, Mrs. Johnson. Wenn ich Ihnen irgendwie helfen kann, lassen Sie es mich bitte wissen. "Sie schüttelte den Kopf und sagte: "Nein, es gibt **nichts**, was man tun könnte." Dann stand sie auf und ging in ihr Haus. Ich stand einen Moment lang da und wusste nicht, was ich tun sollte. Dann mähte ich wieder meinen Rasen. Als ich fertig war, musste ich unweigerlich an Frau Johnson und ihre Katze denken.

Pytania dotyczące rozumienia tekstu

1. Która jest godzina?

2. Gdzie znajduje się osoba kosząca?

3. Jak czuje się dana osoba?

4. Dlaczego osoba musi kosić trawę powoli?

5. Jaka jest pogoda?

6. Co robi osoba po zakończeniu koszenia?

7. Co słyszy osoba przed powrotem do domu?

8. Kto jest z panią Johnson?

9. Dlaczego pani Johnson płacze?

10. Co ta osoba mówi pani Johnson?

Fragen zum Verständnis

1. Wie spät ist es?

2. Wo mäht die Person?

3. Wie fühlt sich die Person?

4. Warum muss die Person langsam mähen?

5. Was für ein Wetter ist es?

6. Was macht die Person nach dem Mähen?

7. Was hört die Person, bevor sie nach Hause geht?

8. Wer ist bei Mrs. Johnson?

9. Warum weint Mrs. Johnson?

10. Was sagt die Person zu Frau Johnson?

Strzyżenie włosów

Od tygodni nosiłam się z zamiarem zrobienia sobie
fryzury, ale jakoś zawsze udawało mi się to odłożyć
na później. Jednak w obliczu zbliżających się **Świąt
Bożego Narodzenia** wiedziałam, że nie mogę dłużej
tego odkładać. Nie chciałam pojawić się na kolacji
wigilijnej u mojej rodziny w niechlujnej fryzurze. Tak
więc, wczesnym rankiem w Boże Narodzenie udałam
się do salonu fryzjerskiego. Mimo wczesnej pory, w
salonie było już pełno osób, które chciały **się uczesać
na** święta. Zajęłam swoje miejsce w kolejce i czekałam
na swoją kolej. W końcu nadeszła moja kolej na
fotelu. Stylistka, sympatyczna kobieta o imieniu Jill,
zapytała mnie, czego sobie życzę. "Zwykłe podcięcie,
nic drastycznego" - odpowiedziałam. Jill zabrała
się do pracy, przycinając moje włosy. W miarę jak
pracowała, zaczęłam się odprężać. Czułam się dobrze,
że wreszcie mogę o siebie zadbać. Ostatnio byłam tak
zajęta, biegając i troszcząc się o wszystkich innych, że
pozwoliłam, aby moje własne potrzeby zeszły na dalszy
plan. Ale **już** nie. Od tej pory zamierzałam znaleźć czas
dla siebie.

Kiedy Jill skończyła, spojrzałam w lustro i byłam

Zum Haareschneiden gehen

Ich wollte mir schon seit Wochen die Haare schneiden lassen, aber irgendwie habe ich es immer wieder aufgeschoben. Aber da **Weihnachten vor der** Tür stand, wusste ich, dass ich es nicht länger aufschieben konnte. Ich wollte beim Weihnachtsessen meiner Familie nicht wie ein schmuddeliges Häufchen Elend dastehen. Also machte ich mich am frühen Weihnachtsmorgen auf den Weg zum Friseur. Obwohl es noch früh war, war der Salon schon voll mit anderen Leuten, **die sich** für die Feiertage die Haare machen ließen. Ich nahm meinen Platz in der Schlange ein und wartete, bis ich an der Reihe war. Endlich war ich mit dem Stuhl dran. Die Friseurin, eine freundliche Frau namens Jill, fragte mich, was ich wollte. "Nur einen Trimmschnitt, nichts allzu Drastisches", antwortete ich. Jill machte sich an die Arbeit und schnippelte an meinem Haar herum. Während sie arbeitete, begann ich mich zu entspannen. Es war ein gutes Gefühl, mich endlich um mich selbst zu kümmern. In letzter Zeit war ich so sehr damit beschäftigt gewesen, mich um alle anderen zu kümmern, dass ich meine eigenen Bedürfnisse vernachlässigt hatte. Aber das war **vorbei**.

zadowolona z tego, co zobaczyłam. Moje włosy były schludne i wypolerowane - idealne na wakacyjne spotkania. **Podziękowałam** Jill i zapisałam sobie w **pamięci,** żeby częściej do niej wracać. Od tej pory będę dbać przede wszystkim o siebie". Jill zabrała się do pracy, przycinając moje włosy. Pomyślałam o tym, jak bardzo jestem wdzięczna, że w końcu zdecydowałam się na strzyżenie. Dobrze było wiedzieć, że na **kolację** wigilijną będę wyglądać stosownie do okazji. Nie musiałam się już martwić, że rodzina będzie mi dokuczać z powodu mojego "niechlujnego" wyglądu. Po kilku minutach fryzjerka skończyła strzyc moje włosy i szybko je wysuszyła. Spojrzałam w lustro i byłam zadowolona z tego, co zobaczyłam - czysty wygląd, który idealnie nadawał się na świąteczny obiad. Teraz, gdy nie musiałam już strzyc włosów, mogłam skupić się na spędzaniu świąt z rodziną. I za to byłam jeszcze bardziej wdzięczna.

Von nun an wollte ich mir Zeit für mich nehmen.

Als Jill fertig war, schaute ich in den Spiegel und war mit dem, was ich sah, zufrieden. Mein Haar sah ordentlich und glänzend aus - perfekt für Festtagsfeiern. Ich **bedankte mich bei** Jill und nahm **mir vor, öfter wiederzukommen**. Von nun an werde ich mich in erster Linie um mich selbst kümmern. Sie machte sich an die Arbeit und schnippelte an meinem Haar herum. Ich dachte darüber nach, wie dankbar ich war, dass ich endlich dazu gekommen war, mir die Haare schneiden zu lassen. Es war ein gutes Gefühl zu wissen, dass ich zum **Weihnachtsessen** vorzeigbar aussehen würde. Ich würde mir keine Sorgen mehr machen müssen, dass meine Familie mich wegen meines "ungepflegten" Aussehens hänseln würde. Nach ein paar Minuten war der Friseur mit dem Schneiden meiner Haare fertig und föhnte sie kurz. Ich schaute in den Spiegel und war zufrieden mit dem, was ich sah - ein gepflegtes Aussehen, das perfekt für das Weihnachtsessen sein würde. Jetzt, da der Haarschnitt erledigt war, konnte ich mich darauf konzentrieren, die Feiertage mit meiner Familie zu genießen. Und dafür war ich umso dankbarer.

Pytania dotyczące rozumienia tekstu

1. Co bohater musiał zrobić przed świętami?

2. Jak bohaterka czuła się, dbając o siebie?

3. Kto przyciął włosy bohatera?

4. Dlaczego rodzina bohaterki miała jej dokuczać?

5. Jak czuła się bohaterka po obcięciu włosów?

6. Co zrobiła bohaterka po obcięciu włosów?

7. Jaka była reakcja rodziny bohaterki na jej fryzurę?

8. Co bohater robił w Wigilię?

Fragen zum Verständnis

1. Was musste der Protagonist vor Weihnachten tun?

2. Wie hat sich die Protagonistin gefühlt, als sie für sich selbst sorgte?

3. Wer hat dem Protagonisten die Haare gestutzt?

4. Warum wollte die Familie der Protagonistin sie hänseln?

5. Wie hat sich die Protagonistin gefühlt, nachdem sie ihren Haarschnitt bekommen hat?

6. Was hat die Protagonistin getan, nachdem sie sich die Haare schneiden ließ?

7. Wie hat die Familie der Protagonistin auf ihren Haarschnitt reagiert?

8. Was hat der Protagonist an Heiligabend gemacht?

Park

Słońce zachodziło, a w parku było pusto. Usiadłam na ławce, czekając na moją **przyjaciółkę**. Zaplanowałyśmy spotkanie już godzinę temu, ale ona zawsze się spóźniała. Gdy już miałam się poddać i iść do domu, zobaczyłam, że biegnie w moją stronę.
"Tak mi przykro" - wykrztusiła, gdy znalazła się na ławce. "Mój pociąg się **opóźnił**".
"W porządku" - powiedziałam z **wyrozumiałością**.
"Sam dopiero co przyjechałem".
Usiedliśmy i przez chwilę rozmawialiśmy, dowiadując się, jak wyglądało nasze życie od ostatniego spotkania. Rozmowa płynęła **gładko i wydawało się,** że od naszego ostatniego spotkania nie minęło ani trochę czasu. Gdy słońce zaszło, pożegnaliśmy się i poszliśmy w swoją stronę. Następnym razem spotkaliśmy się w innym parku. Znów się spóźniła, ale nie miałem nic przeciwko temu. Miło było mieć kogoś, z kim można porozmawiać, kto mnie **rozumie.** Rozmawialiśmy o naszych marzeniach i **aspiracjach**, o rzeczach, które chcielibyśmy zrobić w życiu. Ona opowiedziała mi o swoich planach podróżowania po świecie, a ja podzieliłem się swoim marzeniem, by zostać pisarzem. Gdy słońce zachodziło w kolejny dzień, pożegnałyśmy się raz jeszcze, obiecując sobie, że tym razem będziemy w kontakcie.

Der Park

Die Sonne ging gerade unter, und der Park war leer. Ich saß auf der Bank und wartete auf meine **Freundin**. Wir hatten uns vor einer Stunde hier verabredet, aber sie kam immer zu spät. Gerade als ich aufgeben und nach Hause gehen wollte, sah ich sie auf mich zulaufen.
"Es tut mir so leid", keuchte sie, als sie die Bank erreichte. "Mein Zug **hatte Verspätung**."
"Ist schon gut", sagte ich **verzeihend**. "Ich bin auch gerade erst gekommen."
Wir setzten uns hin und unterhielten uns eine Weile, wobei wir uns über das Leben des jeweils anderen unterhielten, seit wir uns das letzte Mal gesehen hatten. Die Unterhaltung verlief **mühelos**, und es kam uns vor, als sei seit unserer letzten Begegnung überhaupt keine Zeit vergangen. Als die Sonne unterging, verabschiedeten wir uns und gingen unsere eigenen Wege. Das nächste Mal, als wir uns trafen, war es in einem anderen Park. Wieder war sie spät dran, aber das machte mir nichts aus. Es war schön, jemanden zum Reden zu haben, der mich **verstand**. Wir sprachen über unsere Träume und **Hoffnungen**, über die Dinge, die wir in unserem Leben tun wollten. Sie erzählte mir von ihren Plänen, die Welt zu bereisen, und ich erzählte von meinem Traum, Schriftstellerin zu werden. Als die Sonne an einem anderen Tag unterging, verabschiedeten wir uns noch einmal und versprachen,

Mijały lata, a nasza **przyjaźń** pozostawała silna, mimo że mieszkaliśmy teraz w różnych częściach kraju. Utrzymywałyśmy kontakt poprzez listy i sporadyczne rozmowy telefoniczne, dzieląc się wzajemnie nowinkami z naszego życia. Kiedy ogłosiła, że wychodzi za mąż, nie byłem **zaskoczony** - zawsze była typem poszukiwacza **przygód**. Ale kiedy zapytała mnie, czy byłabym druhną na jej ślubie, który odbywał się pół świata od mojego miejsca zamieszkania... trzeba było mnie trochę przekonać! W końcu jednak nie mogłam pozwolić, by moja najlepsza przyjaciółka wyszła za mąż beze mnie u jej boku, więc mimo moich obaw (i po wielu błaganiach z jej strony!) **zgodziłam się wziąć** udział w tym, co okazało się **przygodą** życia.

W końcu nadszedł dzień **ślubu**. Byłam zdenerwowana, ale jednocześnie podekscytowana, że mogłam uczestniczyć w tak ważnym momencie w życiu mojej przyjaciółki. Ceremonia była piękna, a ona wyglądała na szczęśliwą, gdy składała przysięgę. **Później** świętowaliśmy z wielką imprezą - wyglądało na to, że wszyscy, których znała, przyszli świętować razem z nią! To był **magiczny** dzień, którego nigdy nie zapomnę, a nasza przyjaźń po tej przygodzie tylko się umocniła.

diesmal in Kontakt zu bleiben.

Die Jahre vergingen, und unsere **Freundschaft** blieb
bestehen, obwohl wir jetzt in verschiedenen Teilen des
Landes lebten. Wir hielten den Kontakt durch Briefe
und gelegentliche Telefonate aufrecht und teilten
uns gegenseitig die Neuigkeiten aus unserem Leben
mit. Als sie ankündigte, dass sie heiraten würde,
war ich nicht **überrascht** - sie war schon immer der
abenteuerlustige Typ gewesen. Aber als sie mich
fragte, ob ich ihre Trauzeugin bei ihrer Hochzeitsfeier
sein würde, die am anderen Ende der Welt stattfand,
musste ich sie erst einmal überzeugen! Letztendlich
konnte ich jedoch nicht zulassen, dass meine beste
Freundin ohne mich an ihrer Seite heiratet, und so
stimmte ich trotz meiner Befürchtungen (und nach
langem Bitten ihrerseits!) zu, das **Abenteuer** meines
Lebens mitzumachen.

Endlich war der Tag der **Hochzeit** gekommen. Ich war
nervös, aber auch aufgeregt, bei einem so wichtigen
Moment im Leben meiner Freundin dabei zu sein. Die
Zeremonie war wunderschön, und sie sah glücklich
aus, als sie ihr Gelübde ablegte. **Danach** feierten wir
mit einer großen Party - es schien, als ob jeder, den sie
kannte, gekommen war, um mit ihr zu feiern! Es war
ein **magischer** Tag, den ich nie vergessen werde, und
unsere Freundschaft ist nach diesem Abenteuer nur
noch stärker geworden.

Pytania dotyczące rozumienia tekstu

1. Gdzie autorka i jej przyjaciółka spotkały się po raz pierwszy?

2. Dlaczego przyjaciel autora spóźnił się na spotkanie?

3. O czym rozmawiali przyjaciele, gdy spotkali się ponownie po latach?

4. Jak autorka czuła się, uczestnicząc w uroczystości ślubnej swojej przyjaciółki?

5. Opisz miejsce, w którym odbywa się ceremonia ślubna.

6. Jak z czasem zmieniła się przyjaźń między tymi dwiema kobietami?

7. Jakie jest marzenie autora?

8. Dokąd zamierza wyjechać przyjaciel autora?

Fragen zum Verständnis

1. Wo haben sich die Autorin und ihr Freund zum ersten Mal getroffen?

2. Warum kam der Freund des Autors zu spät zu ihrem Treffen?

3. Worüber sprachen die Freunde, als sie sich Jahre später wieder trafen?

4. Wie hat sich die Autorin gefühlt, als sie an der Hochzeit ihrer Freundin teilnahm?

5. Beschreiben Sie den Rahmen der Hochzeitszeremonie.

6. Wie hat sich die Freundschaft zwischen den beiden Frauen im Laufe der Zeit verändert?

7. Was ist der Traum des Autors?

8. Wohin plant der Freund des Autors zu reisen?

www.ingramcontent.com/pod-product-compliance
Lightning Source LLC
Chambersburg PA
CBHW072013170726
47999CB00014B/1610